国家社会科学基金重大项目"丝路审美文化中外互通问题研究"（项目编号：17ZDA272）阶段性成果

## 国外文化研究前沿译丛

张 进 主编

# 物质阐释学
## 反转语言转向

# Material Hermeneutics:
## Reversing the Linguistic Turn

［美］唐·伊德（Don Ihde） 著

张 进 王红丽 译

知识产权出版社
全国百佳图书出版单位
—北 京—

ROUTLEDGE
Taylor & Francis Group

**图书在版编目（CIP）数据**

物质阐释学：反转语言转向／张进，王红丽译；（美）唐·伊德著. —北京：知识产权出版社，2023.11

书名原文：Material Hermeneutics：Reversing the Linguistic Turn

ISBN 978-7-5130-8958-6

Ⅰ.①物… Ⅱ.①张… ②王… ③唐… Ⅲ.①物质—研究 Ⅳ.①B021

中国国家版本馆 CIP 数据核字（2023）第 220961 号

责任编辑：刘　江　　　　　　　　责任校对：潘凤越

封面设计：杨杨工作室·张冀　　　责任印制：刘译文

**物质阐释学：反转语言转向**

[美] 唐·伊德　著

张　进　王红丽　译

| | |
|---|---|
| 出版发行：知识产权出版社有限责任公司 | 网　　址：http://www.ipph.cn |
| 社　　址：北京市海淀区气象路 50 号院 | 邮　　编：100081 |
| 责编电话：010-82000860 转 8344 | 责编邮箱：liujiang@cnipr.com |
| 发行电话：010-82000860 转 8101/8102 | 发行传真：010-82000893/82005070/82000270 |
| 印　　刷：三河市国英印务有限公司 | 经　　销：新华书店、各大网上书店及相关专业书店 |
| 开　　本：880mm×1230mm　1/32 | 印　　张：8.625 |
| 版　　次：2023 年 11 月第 1 版 | 印　　次：2023 年 11 月第 1 次印刷 |
| 字　　数：212 千字 | 定　　价：68.00 元 |
| ISBN 978-7-5130-8958-6 | |
| 京权图字：01-2023-5530 | |

献给保罗·利科

# 代序：物质阐释学概念史

概念史研究"关注的是一个（重要）概念的生成、常态或者非连续性、断裂和变化，关注变化的转折点、衔接点、关节点"❶。"物质阐释学"（Material Hermeneutics）思想在"局部阐释学""一般阐释学"和"哲学阐释学"中，❷ 都可以窥见其痕迹，尤其是在阐释学范畴转变的关键节点上。以语文学阐释学为主的"局部阐释学"作为原文注释或翻译的规则和方法，强调了一种解释的物质理论，关注了语言文本、语料库以及相关的物质性阐释技巧。自弗里德里希·丹尼尔·恩斯特·施莱尔马赫（Friedrich Daniel Ernst Schleiermacher）把阐释学发展为"一般阐释学"之后，语文学阐释学逐渐向以主体性为中心的阐释学转变。经由威廉·狄尔泰（Wilhelm Dilthey）、马丁·海德格尔（Martin Heidegger）等进一步发展，阐释学不仅把自然科学和实证主义排斥在外，而且更偏向于一般的"理解"，解释规则体系内外的物质性因素受到一定程度的漠视。在汉斯－格乔治·伽达默尔（Hans－Georg Gadamer）的"哲学

---

❶ 方维规. 关于概念史研究的几点思考 [J]. 史学理论研究，2020 （2）：151–160.

❷ ［美］理查德·E. 帕尔默. 解释学 [J]. 孟庆时，摘录. 世界哲学，1985（3）：21–29.

阐释学"中，物质性因素逐渐退到了阐释学的后台。

随着21世纪以来对"一般阐释学""哲学阐释学"的反思和批判，文学阐释学视域内出现了语文学阐释学的复归。正如英国学者拉曼·塞尔登（Raman Selden）观察到的那样，21世纪"理论的终结"之后，"批评家、教师和学生们首要把握的是文学的'基础和基本功'，不是那些理论的种种'主义'，而是文学传记和版本目录学"。❶ 实际上，早在20世纪中叶以来，德国文学史家彼得·斯丛狄（Peter Szondi）立足文学阐释学，呼唤语文学传统的回归，提议并使用了"物质阐释学"❷ 术语，并在此基础上重新审视了阐释学的历史；至90年代，美国后现象学家、"技科学"研究者唐·伊德（Don Ihde）立足实证主义和具体的科学文本，把自然科学重新拉回阐释学视野，提出并论述了"事物阐释学"（Hermeneutics of Things），从物质性角度考察了物质技术在科学研究和科学文章中发挥作用的方式。❸

唐·伊德是美国石溪大学哲学教授，已经出版了二十多部著作且笔耕不辍。自20世纪70年代，伊德转向技术哲学的研究之后，就对成像技术的历史特别感兴趣，他一直认为成像技术在阐释学方向上改变了科学实践，而成像技术的产品、图像

---

❶ ［英］拉曼·塞尔登，等. 当代文学理论导读［M］. 刘象愚，译. 北京：北京大学出版社，2006：332.

❷ 据现有材料看，斯丛狄于1975年提议并使用了"Material Hermeneutik"一词，在其著作《文学阐释学导论》（*Einführung in die Literarische Hermeneutik*）中探讨了语言文本的物质性在文学阐释学中的作用。英语把该词译为"Material Hermeneutics"，法语译为"Herméneutique Matérielle"，另有译为"Hermenéutica Material"。

❸ Don Ihde. Expanding Hermeneutics：Visualism in Science［M］. Evanston：Northwestern University Press，1998：139.

需要解释，即需要阐释学。结合对保罗·利科（Paul Ricoeur）阐释学研究的长期兴趣，以及消除"狄尔泰鸿沟"（Diltheyan Divide）❶ 的目的，伊德逐渐发展出了物质阐释学。他满负对技术哲学发展和研究的责任，认为技术哲学家不仅应该面向"事物本身"（the things themselves），而且应该关注前沿的技术与人（technology – human）的关系和媒介。技术是科学的工具，而所有的科学都有阐释学的传统，为了考察阐释学在所有科学（以说明为主的自然科学和以阐释为主的人文和社会科学）实践中的深层作用，伊德在科学实践中扩展了阐释学，走向了物质阐释学。

经过彼得 – 保罗·维贝克（Peter – Paul Verbeek）、莱安德罗·罗德里格斯·梅迪纳（Leandro Rodriguez Medina）等在"物质阐释学"概念下对伊德思想的引申论述，以及伊德本人对"物质阐释学"的系统阐发和分析运用，"物质阐释学"逐渐突破了特定类型"文本"的物质维度范围，反转了"语言转向"，跨越了"狄尔泰鸿沟"，渐次发展为一种基于物质性研究的新型的"一般阐释学"，一种"非单一学科的"通用方法。

---

❶ 张进，蒲睿. 论"狄尔泰鸿沟"［J］. 西北师大学报，2021（5）：40 – 48. 狄尔泰（Wilhelm Dilthey）对"说明"（Erklären）和"理解"（Verstehen）的区分导致了一种偏见，即所有人类经验都会分为两部分：一方面是对自然世界的说明，其中"客观必然性"占主导地位；另一方面是理解，其中生命的内在经验占主导地位。人文科学与自然和技术科学之间有一种区别，而阐释学成为精神科学的基础，并逐渐把自然科学或实证主义的传统排斥出去，建立起阐释学意义上的"狄尔泰鸿沟"。唐·伊德提出了"狄尔泰鸿沟"，认为自然科学（一种说明的方法）与社会科学和人文科学（一种理解的方法——主要是阐释学）在方法论上存在差异。

## 一、物质阐释学"前史"：关注语言文本的物质性

### （一）语文学阐释学

据现有材料来看，"物质阐释学"这一术语在 20 世纪中叶以后才出现，但阐释学早期的语文学文本注释和辨别原文的活动，以及宗教、文学、法律等不同学科的阐释实践已经突出了语言文本的物质性在阐释学中的重要作用，可视为物质阐释学的早期形态或"前史"。从《圣经》解释而来的"局部阐释学"方法发展为一种古典语文学（classical philology），即语文学注释的一般法则，一种语文学阐释学。19 世纪初，"圣经诠释将语法分析的技术发展到精微极致，而诠释者也不再像以往那样全然专注于圣经解释的整个历史背景知识……诠释者的真正任务变成了一项历史的任务。随着这些发展，圣经诠释学的方法从本质上就变成诠释的世俗理论——古典语文学——的同义词了。至迟自启蒙运动起，乃至今天，研究《圣经》的方法就与语文学不可分割地联系在了一起"。❶ 施莱尔马赫建立起"一般阐释学"之后，阐释的重心从语言转向了主体性，因为"惟在诠释学（阐释学）基本上不再专心于澄清诠释不同种类文本多变的实际问题时，才可能将理解的行为作为它真正的出发点。在施莱尔马赫那里，诠释学真正成为了'理解的艺术'"。❷ 这

---

❶ ［美］理查德·E. 帕尔默. 诠释学［M］. 潘德荣，译. 北京：商务印书馆，2012：58 – 59.

❷ ［美］理查德·E. 帕尔默. 诠释学［M］. 潘德荣，译. 北京：商务印书馆，2012：114. 施莱尔马赫的论断是："作为理解艺术的诠释学，并非作为一种普遍的领域而存在，而仅仅是作为专门化诠释学的复数而存在。"（帕尔默 2012，p. 112）所以，施莱尔马赫的基本目标是建构一种作为理解艺术的一般诠释学。

把重视语言文本及其物质性的语文学阐释学转变为一种对理解本身的研究，暗含了对语文学立场的批判。

语文学与阐释学关系紧密，语文学源自古希腊语"philologia"，常译为"文献学"，主要指一种"古典学术"，其任务是利用科学的方法来复活已逝的世界，其出发点是对不理解的现存事物的敬畏之感。❶ 古典学术是一种包括语文学、文学、考古学等学科在内的整体性存在，早在公元前的古罗马时代，就有大批学者致力于古代文献的保存工作。在 19 世纪的欧洲，语文学曾被认为是一门与数学、生物学、地质学等自然科学学科相媲美的准科学，是一切精神学科或者人文学术的基础，也是现代人文学科形成的基础。❷ 语文学问题与阐释问题密不可分，两者之间没有明确的界限。

在形式主义盛行的整个 20 世纪，学科划分越来越细，语文学作为一门与文学研究相关的学科并不在文学研究的"内部"。20 世纪六七十年代以来，文学研究发生了广泛的重组，其结果之一就是文学概念扩大并包括了许多被视为边缘的东西。一方面，文学自身发生了转向；❸ 另一方面，产生了一种文学物性的彰显与文献笺注批评的复归。❹ 在"后理论"的种种探讨中，塞尔登指出乔纳森·贝特（Jonathan Bate）认为即便在转向意

---

❶ ［德］维拉莫威兹. 古典学的历史［M］. 陈恒，译. 北京：生活·读书·新知三联书店，2008：1.

❷ Sean Gurd. Philology and Its Histories［M］. Columbus：The Ohio University Press, 2010；James Turner. Philology：The Forgotten Origins of the Modern Humanities［M］. Princeton and Oxford：Princeton University Press, 2014：xiii.

❸ 王冠雷. "后理论"的三种文学转向［J］. 福建师范大学学报（哲学社会科学版），2018（4）：45－51.

❹ 张进. 通向一种物性诗学（笔谈）［J］. 兰州学刊，2016（5）：48－69.

识形态的整个时期，传记的、历史的、目录学的、版本学的文学研究依然在理论闹嚷的轰动中静静地继续进行着，而"版本目录学考察一个文本从手稿到成书的演化过程，从而探寻种种事实证据，了解作者创作意图、审核形式、创作中的合作与修订等问题。从 20 世纪 80 年代出现的这种考索程序一般被称作：'发生学研究'"。❶ 文本发生学主要是对作家手稿进行分析、整理和辨读，需要时予以出版，发生校勘学主要是对这一分析的结果作出解释。❷ 一方面，文学概念本身发生了变化，所恢复的语文学或版本目录学与传统的语文学阐释学不尽相同；另一方面，它也强调了原文（手稿）及其物质性的特殊性和可理解性。

传统语文学阐释学规则和标准需要根据目前对文本的理解加以批评或修正，发展出一种批评的语文学阐释学。斯丛狄作为"文学阐释学"的重要人物，在 1966—1967 年的讲演和著作中，研究了施莱尔马赫以前的阐释学历史发展中的重要学者，德国浪漫主义思潮孕育的阐释学者约翰·马丁·克拉德尼乌斯（Johann Martin Chladenius）、格奥尔格·弗里德里希·迈尔（Georg Friedrich Meier）和格奥尔格·安东·弗里德里希·阿斯特（Georg Anton Friedrich Ast），对文学阐释中哲学的客观性进行了批评。❸ 在斯丛狄看来："文学阐释学是对文学作品的注释

---

❶ ［英］拉曼·塞尔登，等. 当代文学理论导读［M］. 刘象愚，译. 北京：北京大学出版社，2006：332.

❷ ［法］皮埃尔-马克·德比亚齐. 文本发生学［M］. 汪秀华，译. 天津：天津人民出版社，2005：1－2.

❸ ［美］理查德·E. 帕尔默. 解释学［J］. 孟庆时，摘录. 世界哲学，1985（3）：21－29.

（exegesis）、诠释（interpretatio❶）或解释（interpretation）的理论。"❷ 这突出了语文学在其中的作用，但阐释学现在"已经开始认为自己优于它曾经的任务——成为一个关注解释规则和标准的物质理论"❸，成为一种"规则背后的方法，指向对理解的分析。虽然这种阐释学的哲学基础是与施莱尔马赫和物质阐释学的延续结合在一起的，但在神学领域之外，只有哲学冲动继续活跃。此外，近百年来的文学研究几乎没有展现物质阐释学的必要性"。❹ 这印证了始于物质理论的阐释学发生转变的事实以及物质阐释学的缺失状况。

解释的"物质理论"（material theory），是一种关于理解的认识论，可以在此基础上建立一种实用的解释方式。❺ 与保罗·利科一样，斯丛狄拒绝最小化对理解的认识论的需要，认为理解的认识论是建立一种实用的解释方法论的基础。❻ 他关注阐释规则制定的实用或实践意义。"如果我们想把文学阐释

---

❶ 从历史发生学来追溯，interpretation 一词来自拉丁文 interpretatio，它同时意指"阐发、解释的行为"以及"翻译作品"。在拉丁修辞学中，interpretatio 指的是"用一个词来解释另一个词"，也就是同义词的使用。同时它也是根据"interpres"引申而来，后者指的是"中介者、媒介物、使者"以及"外语的翻译者、译员"。（王治河. 后代现主义辞典［M］. 北京：中央编译出版社，2004：501 – 502.）

❷ Peter Szondi. Introduction to Literary Hermeneutics ［M］. Martha Woodmansee, Trans. Cambridge：Cambridge University Press，1995：1.

❸ Peter Szondi. Introduction to Literary Hermeneutics ［M］. Martha Woodmansee, Trans. Cambridge：Cambridge University Press，1995：3.

❹ Peter Szondi. Introduction to Literary Hermeneutics ［J］. New Literary History，1978（1）：17 – 29.

❺ Peter Szondi. Introduction to Literary Hermeneutics ［M］. Martha Woodmansee, Trans. Cambridge：Cambridge University Press，1995：Cover introduction.

❻ Paul Ricoeur. Existence and Hermeneutics ［A］//Josef Bleicher. Contemporary Hermeneutics：Hermeneutics as Method, Philosophy, and Critique. London and New York：Routledge，1980：236 – 256.

学建构为一种物质理论以融合历史意识和后启蒙诗学的密切相关洞见，那么它就不能是一种必然从理解对象的特定性质中抽象出来的规则阐释学。相反，阐释学将通过澄清标准来表达其物质性，从而使文本在其特定性方面可供理解。也许这些标准中最重要的是最广义的历史性（historicity）和体裁（genre）。"❶ 历史性和体裁是系列标准的基础，需要沉降到物质性层面才能被理解。

## （二）语言文本的物质性

在 1975 年使用"物质阐释学"一词时，斯丛狄就比较谨慎。对他来说，物质阐释学一词无疑指阐释学必须依赖"物质"（matériaux），即一个特定的语料库（corpus déterminé）。❷ 语料库是根据自身的文本的类型、关系和用途建构的，而对文本的阐释取决于文本所属的语料库，突出了历史背景的整体性。在文学阐释学视域中，斯丛狄反对文本和接受之间的时间连续性，而强调历史意识，即一种过去和现在之间的物质和知识关系。"物质阐释学（hermenéutica material）是一种时间性的阐释学，其核心是对文学作品形成过程中内在的不连续性和矛盾性的文本解释。"❸ 这种不连续性和矛盾性体现在斯丛狄所谓的文本变体和平行段落。前者如一些文本提纲或不同片段的版本，通过这种物质过程可以重建作品，同时也可以基于此种文本物

---

❶ Peter Szondi. Introduction to Literary Hermeneutics ［M］. Martha Woodmansee, Trans. Cambridge：Cambridge University Press, 1995：130.

❷ Denis Thouard. Qu'est－ce Qu'une Herméneutique Critique? ［J／OL］. Methodos：Savoirs et Textes, ［2021－02－03］. https：//journals. openedition. org/methodos/100.

❸ José Manuel Cuesta Abad. Lectio Stricta：La Hermenéutica Material de Peter Szondi ［A］//Peter Szondi. Introducción a La Hermenéutica Literaria. Madrid：ABADA Editores, 2006：23.

质性，在接受过程中出现断裂，如删改、更正和矛盾等。文本变体具体化在笔记、信件、文件或散文等不同体裁形式上。后者意味着同样的词出现在同一作者的不同文本中，具有不同含义；或具有相同含义的词出现在不同文本中。这种语言上的平行和实际语言的不同可以证明文学作品的某种历史性。

批判阐释学家让·博拉克（Jean Bollack）发展了物质阐释学，认为"斯丛狄对语文学的辩护和呼吁，与把'阐释学'作为一门'科学'联系在一起，是基于对局部（文学、历史或司法）的重新定义，并由其对象的性质决定"。❶ 这种研究是一种批判的语文学（a critical philology），很大程度上符合《圣经》阐释学、语文学研究方法并内含了一种批评维度，成为批判阐释学的理论来源之一。

斯丛狄的物质阐释学整合了阐释学和语文学，是一种可以在实践中应用的文学文本的解释学说。安东尼·约翰·哈丁（Anthony John Harding）认为斯丛狄的物质解释学一方面尊重"待解释文本的真正多样性"，另一方面是经验性的，因为它需要"足够具体，不必为了专注于理解行为而忽视个别问题"。❷ 在对 1957 年出版的《柯尔律治的笔记》（*Coleridge's Notebooks*）的研究中，哈丁考虑的问题是，若"思想"概念本身是由记录的物质对象塑造的，那么笔记（notebooks）作为一种铭写模式如何为作家记录提供形式？铭写模式或记录方式的物质性变化

---

❶ Jean Bollack. A Future in the Past：Peter Szondi's Material Hermeneutics ［A］//Peter Szondi. Introduction to Literary Hermeneutics. Martha Woodmansee, Trans. Cambridge：Cambridge University Press, 1995：135.

❷ Anthony John Harding. Coleridge's Notebooks and the Case for a Material Hermeneutics of Literature ［J］. Romanticism, 2000（1）：1 – 19.

对"思想"概念是否产生影响？当试图在物质材料记录的随意性上强加某种秩序，即把笔记变成一本印刷书籍时会发生什么？因为强加的秩序可能创建出新的文本和新的主题。另外，当印刷和注释文本代替手稿的"混乱"后将如何影响文本的接受和解释？哈丁把斯丛狄对传统文类的思考扩展至非传统文类（如信件、日记和笔记），突出了"文本的特异性"可供理解的原因，且定义了对此类文本的解释选项，关注了笔记的物质性质，以及与手稿、印刷文本的物质关系，强调了阐释过程中原文的物质载体、物质媒介和物质环境的重要性。这是意义依赖于文本物质性的例子，同时也彰显了"待解释文本的多样性"，有助于理解作者的话语，以及该作品与当代话语的互动。

至少，在接触文本时，首先会"读到"文本的物质性，一种"物理现实"（physical reality），在对文本及其阅读活动展开研究时，需要将这些物质性纳入考量。❶ 斯丛狄的物质阐释学有助于语文学与精神科学的结合。他提醒我们，在启蒙运动时期，一种既哲学化又逻辑化的阐释学已经存在，他发现了回归阐释学的另一种理解的合法性，具体来说是以一种语文学阐释学来回应哲学阐释学的反实证主义倾向。也就是说，阐释学依赖于"物质"，而不是直接建立在更高层次的一般理论（比如本体论）上。这种文学研究中的物质阐释学视角，其研究对象是语言文本及其物质性，随着阐释学和文本概念的扩展，物质阐释学试图突破语言文本模态的阐释，走向深化和"普遍化"。

---

❶ Graham Allen, Carrie Griffin, Mary O'Connell. Readings on Audience and Textual Materiality［M］. London：Pickering & Chatto Publishers Ltd. , 2011：1.

## 二、"局部"物质阐释学：聚焦"技科学"的物质性

### （一）技科学阐释学

在阐释学理论发展史上，随着"一般阐释学"的发展，生命体验活动代替语文学阐释，逐渐成为关注的重点，阐释学成为精神科学的基础，并将自然科学或实证主义的传统"挤出"阐释学视野，进而在理论层面建立起阐释学与实证主义之间的"狄尔泰鸿沟"。但从现实层面来看，当代科学和大部分当代技术都是技术化的科学（techno‐science）。当代科学是物质化的、技术化的和具身的，❶ 这是"技科学"的一种含义。❷ 阐释学与实证主义交往互动，使阐释学不仅成为科学的，而且成为"技科学"的，从而形成一种技科学阐释学。

狄尔泰于 19 世纪 90 年代转向阐释学，已明显超越了他对

---

❶ ［美］唐·伊德. 让事物说话：后现象学与技术科学 ［M］. 韩连庆，译. 北京：北京大学出版社，2008：53.

❷ "技科学"（technoscience）这一术语是比利时哲学家霍托伊斯（G. Hottois）在 1979 年首先提出来的。他认为，现代科学实验使科学研究与实验仪器及相关技术紧密地联系在一起，主张用"技科学"来代替"纯科学"，以表明科学与技术之间的不可分离性。1987 年布鲁诺·拉图尔（Bruno Latour）扩展了技科学内涵，目的是超越科学实在论与社会建构论的两极对立。而唐·伊德认为技术在历史上先于"科学"，至少在任何现代意义上是这样的。技术总是我们生活世界的组成部分。所以技术"在存在论上"先于科学，而技科学是科学和技术杂交后的产物，在同一个杂交体中密不可分地联系在一起。一方面，技术在历史上甚至比人类（现代早期智人）还要古老；另一方面，当代技术又是技术科学化的技术。那么，对技术的批评的、哲学的研究是一种后现象学、技术现象学（phenomenology of technics）的方法。技术现象学研究人类经验技术的范围和各种形式。（Don Ihde. Instrumental Realism ［M］. Bloomington and Indianapolis：Indiana University Press，1991：140；［美］唐·伊德. 让事物说话：后现象学与技术科学 ［M］. 韩连庆，译. 北京：北京大学出版社，2008：51–55.）

施莱尔马赫的阐释学研究中所采用的心理化倾向。❶ 他对"说明"（explanation）、"理解"（understanding）和"解释"（interpretation）的区分导致了一种偏见，即科学"说明"自然，而人文研究则是"理解"生命之表现。❷ 阐释学成为一种精神科学的方法论，并经由伽达默尔等人发展出一种存在论意义上的阐释学。唐·伊德认为"狄尔泰鸿沟"从理论上放大了自然科学（一种说明的方法）与社会科学和人文学科（一种理解的方法——主要是阐释学）在方法论上的差异。❸ 这导致阐释学缺乏自然科学倡导的实证主义分析模式，而且"物"本身的"物性"被科学化、单维化❹，弱化了事物研究中的阐释学维度。

伊德批评实证主义和阐释学之间的二元对立，指出前者基于一种信念，认为科学可以通过严谨的方法准确地描述世界；后者是一种试图理解文本所说内容的活动，没有严格的科学基础。这种区分既无法使我们加深对事物深层要素的理解，也不能反映科学家或阐释者的现实工作。事实上，每一项科学活动中都有阐释学因素，而阐释活动中都包含科学或实证的（positivistic）元素。一方面，"许多科学实践在功能上都是阐释学的"，科学哲学无法回避阐释学，且阐释学可以通过关注技术来扩展自身。❺ 伊德结合休伯特·德赖弗斯（Hubert Dreyfus）

---

❶ ［美］理查德·E. 帕尔默. 诠释学［M］. 潘德荣，译. 北京：商务印书馆，2012：129.

❷ 张进，蒲睿. 论"狄尔泰鸿沟"［J］. 西北师大学报（社会科学版），2021（5）：40 - 48.

❸ Don Ihde. Material Hermeneutics：Reversing the Linguistic Turn［M］. London and New York：Routledge，2022：126.

❹ 张进. 通向一种物性诗学（笔谈）［J］. 兰州学刊，2016（5）：48 - 69.

❺ Don Ihde. Expanding Hermeneutics：Visualism in Science［M］. Evanston：Northwestern University Press，1998：3 - 4.

的具身化（背景）实践现象学和帕特里克·A. 希兰（Patrick A. Heelan）的科学仪器阐释学，立足人与技术关系的现象学开展研究，认为技术需要以一种独特的现象学阐释学方式，间接或反思性地揭示自身。❶ 科学是技术的工具，"科学已经能够创造出一种视觉阐释学，虽然它的功能类似于更早期的写作发明，但它通过事物的视觉化的各个维度发挥作用"。❷ 这就像人文学科中的阐释学实践一样。另一方面，"狄尔泰鸿沟"的后果之一是处于人文学科活动中心的阐释学被边缘化，与所谓的科学和数学等学科隔绝，设定人文学科无法获得"真理"。正如众多人文学者所揭示的，人文学科内确实存在客观和真理因素。伊德认为哲学对技术的忽视，部分来自哲学本身，从柏拉图（Plato）开始，哲学家把哲学视为一种概念体系而非物质体系，理论作为关系体系中的概念通常与心灵相关，而实践总是与身体相关。❸

两种情况都涉及对物质的解释，而解释往往通过技术手段调节或中介，并使现实以新的方式呈现。伊德认识到以前的"文本主义者"（textists）赞成的阐释学是一种"文本阐释学"（textual hermeneutics），❹ 遵循了"狄尔泰鸿沟"的理论设定，忽略了与科学（实证主义）之间关系的研究。通过研究约瑟

---

❶ Don Ihde. Expanding Hermeneutics：Visualism in Science ［M］. Evanston：Northwestern University Press，1998：46.

❷ Don Ihde. Expanding Hermeneutics：Visualism in Science ［M］. Evanston：Northwestern University Press，1998：137.

❸ Don Ihde. Technics and Praxis ［M］. Dordrecht：D. Reidel Publishing Company，1979：xix.

❹ Don Ihde. Postphenomenology – Again? ［Z］. Working Papers from Centre for STS Studies，Department of Information & Media Studies，University of Aarhus，2003：4 – 25.

夫·劳斯（Joseph Rouse）的阐释学方法以及布鲁诺·拉图尔（Bruno Latour）的"建构主义"，他转向了对"科学阐释学"的恢复。通过研究感知、身体、物质和阐释学在我们通过技术感知世界时是如何交织在一起的，伊德扩展了阐释学和现象学之间的联系，发展出一种"科学的技术扩展阐释学"（the technologically extended hermeneutics of science），其中隐含了一种物质阐释学。

1998 年以前，伊德较多地使用了"事物"（things）以及"事物阐释学"（hermeneutics of things）和"事物的阐释学"（thingly hermeneutics）等相关概念，这在阐释学中有其传统。20 世纪以来，阐释学融入了现象学研究，从而扩展了自身。海德格尔从现象学转向对事物（things）的研究，阐发了一种可称之为"物性存在论"的本体论意义上的事物观❶，此时阐释学既不是文本阐释学的科学或规则，也不是精神科学的方法论，而是对人类存在本身的现象学说明。❷ 伽达默尔遵循海德格尔开创的此在阐释学，发展出一种"哲学阐释学"，但他主张"能被理解的存在就是语言"，将阐释学带向了"语言学"，这一点被利科所继承。利科对阐释学的定义"重又聚焦于文本注释，以此作为诠释学中独特的和核心的规定性要素"❸，他公开反对施莱尔马赫和狄尔泰传统的心理和历史的阐释学，赞成研究话语与符号学相关的原文的阐释学。

---

❶ Graham Harman. Heidegger Explained：From Phenomenon to Thing ［M］. Chicago and La Salle, Illinois：Carus Publishing Company, 2007：1 - 2.

❷ ［美］理查德·E. 帕尔默. 诠释学 ［M］. 潘德荣，译. 北京：商务印书馆，2012：61.

❸ ［美］理查德·E. 帕尔默. 诠释学 ［M］. 潘德荣，译. 北京：商务印书馆，2012：62 - 63.

伊德在其博士论文《阐释学现象学：保罗·利科的哲学》以及之后的数篇文章中❶，系统阐述了利科的理论，认为利科以语言文本（textual - linguistic）的形式对历史进行了阐释，重新聚焦文本注释，在将阐释客体从语言文本向非常宽泛意义上的文本的转变过程中，产生了阐释学现象学，弱化了现象学中的先验倾向。虽然这一研究并未涉及技术问题，但对利科现象学的阐释思想内在衍变历程的研究，奠定了伊德物质阐释学的基础。利科对语言、文本等问题的关注是伊德阐释学思想的主要源泉，他后来提出的物质阐释学思想是从反对利科关注的"语言"开始的，而且他把利科视为沟通欧洲哲学与美国哲学的桥梁。❷

## （二）让事物"说话"的阐释学

20世纪70年代，伊德转向技术哲学研究，其研究兴趣在于成像技术，而成像技术的产品和图像需要解释，预示了"局部"物质阐释学的出现。"事物阐释学"狭义上指的是一种"科学对象的阐释学"❸。伊德强调，科学通过把事物转化为科学对象来解释事物。❹阐释学从语言情境扩展到了技术情境，

❶ Don Ihde. Hermeneutic Phenomenology：The Philosophy of Paul Ricoeur ［M］. Evanston：Northwestern University Press，1971（该书基于其博士论文）；Don Ihde. Material Hermeneutics：Reversing the Linguistic Turn ［M］. London and New York：Routledge，2022：123 - 129.

❷ 杨庆峰. 翱翔的信天翁：唐·伊德技术现象学研究 ［M］. 北京：中国社会科学出版社，2015：12.

❸ Don Ihde. Thingly Hermeneutics/Technoconstructions ［J］. Continental Philosophy Review，1997（3）：369 - 381.

❹ Don Ihde. Expanding Hermeneutics：Visualism in Science ［M］. Evanston：Northwestern University Press，1998：139.

其研究对象也从文本扩展为科学对象或物质现实。21世纪以来，伊德通过修改现象学维度的事物概念以及把具体事物引入阐释学分析，基于与成像技术相关的物质实践的解释风格，分析科学如何进行了"事物阐释"，发展出"让事物说话"的阐释学——让曾经沉默的事物发出声音，并把看不见的东西带入视野之中。❶

起初，伊德并未明确"事物"的具体含义，他担心"范畴失误"，❷ 他的事物观是逐渐形成的。后来在与他人的合著中，伊德认为所谓的"事物"（things），是在物质形式和技术的广义层面上使用的，它涉及日常对象（mundane objects）、器具（tools）和人工物（artefacts）的物质性，也指现代技术和数字文化的新形式。❸ 伊德使用了一种修辞学方式，将文学文本或语言文本扩展为一种"技科学"文本。因为技术不能脱离物的状态而存在，就像文学不能脱离文字文本一样，技术应该是一种"交互关系存在论"（inter - relational ontology），其能动性是人与事物交互建构的能动性。

维贝克以"物质阐释学"（material hermeneutics）为题，对伊德1998年出版的《扩展阐释学：科学中的视觉主义》一书作了书评，认为该书是物质阐释学的"大纲"。伊德考察了莫里斯·梅洛-庞蒂（Maurice Merleau - Ponty）和利科的著作，发现阐释学不应仅仅指向语言学（the linguistic），也应该指向

---

❶　［美］唐·伊德. 让事物说话：后现象学与技术科学［M］. 韩连庆，译. 北京：北京大学出版社，2008：103 - 105.

❷　计海庆. "所有的科学都是具体化于各种技术中的"——访当代美国著名现象学家和技术哲学家唐·伊德［N］. 社会科学报，2007 - 09 - 13（5）.

❸　Don Ihde. Lambros Malafouris. Homo Faber Revisited：Postphenomenology and Material Engagement Theory［J］. Philosophy & Technology，2019（2）：195 - 214.

解释的感知方面。从伊德的现象学方法来看，感知具有阐释维度，因为它构成了人与现实的关系。比如仪器使科学家能够感知没有仪器就无法感知的现实的各个方面，待研究的现实必须被技术"翻译"为可感知的现象，"现实"是由感知它的仪器共同塑造的。❶ 如对于奥茨冰人的研究及其考古学的分析即接近于维贝克对物质阐释学中技术的强调。技术让事物说话，碳－14 年代测定、DNA 分析和质谱技术创造了新的解释可能性，揭示出奥茨冰人的更多信息。

物质阐释学分析的对象不再只是文本，还有自然本身，使用的"工具"（instrument）也不仅是眼睛，还包括各种技术设备。一方面，它探讨"通过'让事物说话'可能产生的知识类型"，即"用科学工具制造知识"❷（这种论点表明后现代科学需要通过图像或视觉的解释产生知识），可能是基于考古学的定义，因为考古学主要是一种视觉物质阐释学；另一方面，物质阐释学与后现象学相联系，通过利用自然科学中的工具和仪器，使人文社会科学获得更多新的信息。伊德讨论的阐释学是物质的和后现象学的，利用技术开启新的阐释类型，几乎颠覆了文本注释的传统阐释实践。阐释的视角聚焦于技术文本的物质性维度，强调了技术在事物转变过程中的阐释学效用，认为物质阐释学隐喻地来看是一种通过新的科学成像技术"让事物说话"的解释方式，并指出这样一种物质阐释学也许会取代由利科改良的常用语言——文本阐释学（linguistic – textual herme-

---

❶ Peter – Paul Verbeek. Material Hermeneutics［J］. Techné：Research in Philosophy and Technology, 2003（3）：91 – 96.

❷ ［美］唐·伊德. 让事物说话：后现象学与技术科学［M］. 韩连庆，译. 北京：北京大学出版社，2008：107.

neutics）。❶

曾参加伊德研究小组的梅迪纳，将物质阐释学方法引入社会科学，吸收"行动者网络"和物质符号学等相关理论，关注对象及其背景的物质性维度对意义生产的作用，表明政治学家需要考虑政治实践过程的物质背景，并相应地调整他们的阐释学，通过检查人工物（artifacts）、设备（devices）和技术来理解政治过程。将注意力转向行动者的物质方面，研究的关系或现象至少可以引导我们进行更精确的解释。❷ 物质阐释学不是要取代文本阐释学，而是要增强社会科学家解释社会事件的能力并补充阐释学的内涵。迈克尔·芬克（Michael Funk）把物质阐释学方法引入古人类学研究，将焦点集中于古人类学和当前人与技术之间的相互作用上，以此探讨"变更关系"何以可能以及机器人如何调节社会关系等问题。对于无语言文字、文本时代的解释和理解，物质阐释学是一种积极的方式，它通过与进化论、地质结构、医学或动物学等知识进行关联，对人类行为和文化发展做出解释。❸ 此时，物质阐释学延续了考古学和后现象学的传统，并试图扩展至人文社会学科的研究视域中。

随着研究的丰富和扩展，物质阐释学也在尝试新的实践语境。对凯瑟琳·哈塞（Cathrine Hasse）来说，从文化学习过程

❶　Don Ihde. A Prelude to Material Hermeneutics ［J］. Acta Baltica Historiae et Philosophiae Scientiarum, 2020 （2）: 5 – 20.

❷　Leandro Rodriguez Medina. Material Hermeneutics in Political Science: A New Methodology ［M］. Lewiston, Queenston und Lampeter: The Edwin Mellen Press, 2013: 9.

❸　Michael Funk. Paleoanthropology and Social Robotics: Old and New Ways in Mediating Alterity Relations ［A］//Robert Rosenberger, Peter – Paul Verbeek, Don Ihde. Postphenomenological Methodologies: New Ways in Mediating Techno – Human Relationships. Lanham, MD: Lexington Books, 2018: 125 – 149.

的角度来看，人文和自然科学中的物质阐释学不仅依赖于中介工具，还涉及科学仪器的物质文化环境和科学家在文化实践中的学习过程，这把后现象学的焦点从关系转向了关系的过程。❶而物质接触理论（Material Engagement Theory）❷认为，物质阐释学分析技术如何揭示世界并让人采取行动的同时，也应该强调一种关系存在论的思考，不仅强调思维和行动的关系，而且假定"物质接触"本身是一种基本的认知资源。❸

维贝克、拉斐尔·卡普洛（Rafael Capurro）、简·凯尔·伯格·奥尔森·弗利斯（Jan Kyrre Berg Olsen Friis）认为物质阐释学是"一种让事物的物质性（materialities）发出声音的技术"❹；

---

❶ Cathrine Hasse. Material Hermeneutics as Cultural Learning：From Relations to Processes of Relations [J/OL]. AI & SOCIETY，[2022 – 07 – 27]. https：//doi. org/10. 1007/s00146 – 021 – 01171 – 7.

❷ Material Engagement Theory，简称 MET，是兰波斯·玛拉博斯（Lambros Malafouris）在 2004 年提出的理论，并持续发展。"MET"包括"扩展思维（The Extended Mind）""生成符号（The Enactive Sign）""物质代理（The Material Agency）"三个维度。在玛拉博斯与伊德共同撰写的《再访工具人：后现象学与物质接触理论》（Homo Faber Revisited：Postphenomenology and Material Engagement Theory）中结合物质阐释学发展了这种观点。他们基于考古学和人类学的科学经验，采取了长期和比较的观点，关注的是我们遇到和使用的物质事物（material things），如何塑造生活世界实践中的物质文化，认为物质接触产生于社会和文化的主体间互动，并在互动中持续存在。

❸ Kåre Stokholm Poulsgaard, Lambros Malafouris. Understanding the Hermeneutics of Digital Materiality in Contemporary Architectural Modelling：A Material Engagement Perspective [J/OL]. AI & SOCIETY，[2022 – 07 – 27]. https：//doi. org/10. 1007/s00146 – 020 – 01044 – 5.

❹ Peter – Paul Verbeek. What Things Do：Philosophical Reflections on Technology, Agency and Design [M]. University Park, PA：The Pennsylvania State University Press, 2005；Rafael Capurro. Digital Hermeneutics：An Outline [J]. AI & SOCIETY, 2010（1）：35 – 42；Jan Kyrre Berg Olsen Friis, et al. Book Symposium on Don Ihde's Expanding Hermeneutics：Visualism in Science [J]. Philosophy Technology, 2012（2）：249 – 270.

正如阿伦·库马尔·特里帕蒂（Arun Kumar Tripathi）所言，物质阐释学研究的是对物质文化和技术进行具体解释的艺术。❶也就是说，"物质阐释学是运用新变化来解释和理解技术的艺术。传统上，阐释学是用来处理《圣经》文本的，但是，当我们想要解释和理解我们以技术为中介的生活世界时，它显示了传统阐释学的局限性"。❷同时，物质阐释学也发展出另外一些维度，当被应用于解释数字现象时，形成了更具体的"数字阐释学""机器阐释学"及"软件阐释学"❸。

但是，技科学阐释学并不是一般的"理解的艺术"，它关注的是技术如何通过物质阐释学让事物说话。物质阐释学是在对物质技术和科学文本的关注中逐渐形成的，赋予了事物的物质性一种声音。在最广泛的意义上，伊德认为阐释学意味着解释（interpretation），但在更特殊的意义上，它是指文本解释，从而涉及阅读。他采用了这两种含义，把阐释学作为一种技术情境中的特殊的解释活动，这种活动需要一种特殊的行为和知觉模式，这种模式类似于阅读的过程。❹阐释学从对语言文本的"阅读"转向了对感知模式的"阅读"，即使它现在仍旧属

---

❶ Arun Kumar Tripathi. The Significance of Digital Hermeneutics for the Philosophy of Technology［A］//Matthew Kelly, Jared Bielby. Information Cultures in the Digital Age: A Festschrift in Honor of Rafael Capurro. Wiesbaden: Springer VS, 2016: 143 – 157.

❷ Arun Kumar Tripathi. Technological Mediation and Sociocultural Variability ［A］//Jesper Aagaard, Jan Kyrre Berg Friis, Jessica Sorenson, et al. Postphenomenological Methodologies: New Ways in Mediating Techno – Human Relationships, Lanham. MD: Lexington Books, 2018: 230.

❸ Luca M. Possati. Software as Hermeneutics: A Philosophical and Historical Study ［M］. Cham: Palgrave Macmillan, 2022: 3.

❹ ［美］唐·伊德. 技术与生活世界：从伊甸园到尘世［M］. 韩连庆，译. 北京：北京大学出版社，2012：86.

于技术情境，但蕴含了巨大的方法论和认识论意义，而且伊德本人也强调"物质阐释学应该同时属于自然科学和人类科学"。❶

### 三、"一般"物质阐释学：彰显阐释实践的物质性

21世纪以来，物质阐释学在不同的学科之间开展对话，它不再囿限于文学阐释学或技科学阐释学，而是逐渐突破特定的、局部类型"文本"的物质维度，向更广泛的物质事物（material things）扩展，渐次发展为一种基于物质性研究的"一般阐释学"。帕尔默所指的"一般阐释学"，试图建立以考察众多学科中解释的模式为基础的普遍"理解"方法，规定一套解释标准，构想出以连贯一致的理解的哲学为基础的一般而普遍的方法论。❷ 其前提预设是阐释学在不同学科中表现为不同的模式，却有一种共同的规则和方法基础。作为一般阐释学的物质阐释学，它将物质性研究视为阐释学的基础，以考察物质阐释学在多学科解释模式上的适用性和普遍性。

#### （一）从文本到非文本

伊德在"扩展阐释学"的思考阶段虽然较少使用"物质"（material）一词，但随着研究深入，他发现物质可以作为阐释学的基础维度，从而形成物质阐释学并发展为一种"一般阐释学"。物质阐释学不仅解释技术事项，而且切近不同文化及学

---

❶ Don Ihde. Postphenomenology and Technoscience：The Peking University Lectures［M］. New York：Albany：State University of New York Press, 2009：64.

❷ ［美］理查德·E. 帕尔默. 解释学［J］. 孟庆时，摘录. 世界哲学，1985（3）：21 – 29.

科背景下的更广泛的阐释学实践。物质阐释学中的"物质"意味着阐释学摆脱了纯文本而进入了非文本的世界。❶伊德2022年出版的新著《物质阐释学：反转语言转向》（*Material Herme-neutics：Reversing the Linguistic Turn*），就以更多的案例论证了物质阐释学具有的普遍阐释学方法论效应。如被埋藏的金字塔、丝绸之路、城市的海底遗址、"巨石阵"以及其他与考古学相关的事物，经由新技术产生了新的"物质阐释学图像"，对这些图像的"阅读"和"解码"同样是一种物质阐释学的过程，由此获得的知识将丰富甚至可能改变我们对古代史的看法。❷我们似乎能通过物质阐释学将自己置身于任何可能的情境中来理解和解释事物。

根据伊德的新著，我们大致可以看出伊德把物质阐释学从"局部"转向"一般"阐释学的努力。有关奥茨冰人的研究延续了维贝克意义上的物质阐释学方法论，并粗略划分为业余爱好者时期、科学对象时期和物质阐释学时期三个研究节点。业余爱好者时期是一些非科学人员对奥茨冰人进行的研究，时间短且充满了猜测；科学对象时期开始将奥茨冰人视为一种科学研究对象，由专业的实验室对其进行研究和保护，这种"封闭"的背景预示着一套比以前更具"解释性"的实践的开始；至物质阐释学时期，研究者运用更加专业和先进的仪器设备，通过对物质事物及其情境的分析，以及与现代知识的对比，得出了诸多与前两个阶段不同的"事实"。比如根据DNA溯源和

---

❶ 杨庆峰. 翱翔的信天翁：唐·伊德技术现象学研究［M］. 北京：中国社会科学出版社，2015：31.

❷ Don Ihde. Material Hermeneutics：Reversing the Linguistic Turn［M］. London and New York：Routledge，2022.

同位素等的分析，发现奥茨冰人的出生地（意大利的埃萨克山谷）和发现地（奥地利的奥茨山谷）不是同一个地方。**❶** 奥茨冰人及其周边的事物被技术转化为可读的"文本"，表明即使没有语言文字，物质阐释学仍旧可以揭示或提供一种叙事情境，"还原"事物的生命轨迹。

物质阐释学关注物质的缺失对意义产生的影响和限制。我们已经发现《圣经》中的创世纪故事与《吉尔伽美什史诗》十分接近，但是这些起源故事无论在形式、意图还是证据上都不是"科学的"。随着技术工具和考古学的发展，物质阐释学成为考察对象是否"科学"的重要方法。《掀开〈圣经〉的面纱》一书，将事实（fact）和传说（legend）分开，利用当时考古学最新成果，通过在以色列、埃及、约旦和黎巴嫩发掘的实物证据，证明《圣经》中的故事不全是真实的历史事实，挑战了原教旨主义者对《圣经》文本的解读，**❷** 也创造了一种与"局部阐释学"研究不同的阐释方式。

伊德的物质阐释学也关注到了历史事件，尤其是与文明的崩溃相关的重大事件。在维京人入侵英格兰的系列叙事中，维京人是文盲、海盗，但物质阐释学提供了不同的叙事方式。通过对事物的分析和解释，伊德发现维京人有悠久的航海和造船技术，捕杀特定鱼群自用和交易（鱼的流通暗示了人的流通），维京人间接影响了英格兰的语言和文化。英格兰对早期维京人

---

❶ Don Ihde. Material Hermeneutics: Reversing the Linguistic Turn [M]. London and New York: Routledge, 2022: 17 – 36.

❷ Israel Finkelstein, Neil Asher Silberman. The Bible Unearthed: Archaeology's New Vision of Ancient Israel and the Origin of Its Sacred Texts [M]. New York: Touchstone, 2002: 4 – 5.

的语言文本表达（linguistic – textual telling）显示了语言优势如何控制早期叙事，而物质阐释学发现了不同的叙事证据，可以"检验"语言叙事并观察它们是如何被修改的。古巴比伦文明的衰落通常被认为是由战争引起的，而对楔形文字板（Cuneiform Tablet）内部微生物和海藻含量的物质阐释学解读，为古巴比伦文明的衰落提供了新的证据❶——战争只是导致文明衰落的其中一个因素，更重要的是当时古巴比伦的土地正在经历盐碱化，传统的灌溉技术将大量河水引入土地，导致土地无法生产出供养人类的农作物。传统的人文研究更关注楔形文字板上文字所传达的意义，但物质阐释学聚焦于泥板本身。这补充了一种文化传统或文明衰落的历史知识，也展现出文字和物质阐释之间的矛盾关系。

## （二）技艺术阐释实践

物质阐释学可以"重建"阅读，非常有利于理解受损文本，同时也产生了理解"技艺术"（technoart）的新途径。它可以使那些因为火山喷发等灾害而受到破坏的文本变得"可读"或可理解，也可以通过对绘画艺术品的分析，增强对图像的阐释或解释能力，把对静态作品的关注转向与作品相关的系列动态过程。亨利·马蒂斯（Henri Matisse）和巴勃罗·鲁伊斯·毕加索（Pablo Ruiz Picasso）正处于"现代艺术"的爆炸式发展阶段，当时传统艺术转变为现代艺术，商业运作、画廊体系、拍卖等艺术活动兴起。两位画家都进行了诸多艺术实验，对绘

---

❶ Don Ihde. Material Hermeneutics：Reversing the Linguistic Turn［M］. London and New York：Routledge，2022：58 – 59.

画的颜色和形状作了大量的"现象学变更"。❶ 物质阐释学通过解释经由高成像技术（high image technologies）"可视化"后的变更（物质形态的变迁），更有利于全面地理解艺术品的风格变化和实践过程。物质阐释学从另一个方面表现了艺术品的伟大之处，提供对文物、实物、文字或绘画的更多层次的理解，产生了一种更精确、更深入的知识。

物质阐释学由科学实践领域出发，逐渐包容了艺术实践领域。艺术和"技艺术"之间关系紧密，很多艺术都是技术化的艺术。现代考古学或自然科学家使用现代技术把实物变成了"阐释学的"，结合现代知识可以理解久远的物质工具是如何工作的，物质材料（比如颜料、画材、物质载体甚至是否搭建脚手架等）、技法和历史何以影响了艺术实践。此外，那些拍摄的图像或图片为艺术史的叙事提供了一种场景。伊德通过技术和艺术在旧石器、文艺复兴以及当代艺术实践的关系变化考察了艺术实践，发现每一个阶段都涉及与视觉或听觉相关的物质阐释学的诸多方面。早期艺术具有逻辑传统和图像传统，实证主义和阐释学在法国的诺克斯洞穴壁画上实现了一种"古老"的结合。另外，大型机器技术已经改变了文艺复兴前的世界，丝绸之路、哥伦布航行等使世界变得更加开放，人类的生活世界发生了变化，物质交易丰富了艺术的物质材料和物质工具，产生了大量的视觉艺术和音乐。现代技术传播速度的加快和"保质期"的缩短，引发了对当代数字技艺术的物质形式和对其感知的较大变化，产生了新的艺术实践，激发了相应的流行

---

❶ Don Ihde. Material Hermeneutics：Reversing the Linguistic Turn ［M］. London and New York：Routledge，2022：67 – 76.

品位。

伊德不仅将阐释学关注的文本扩展到了技术文本，而且把技科学的讨论方式以一种修辞学的类比扩展至艺术，认为艺术是一种"技艺术"。正如物质阐释学在技科学中的作用一样，在"技艺术"中同样发挥功能。具体来说，若文艺复兴相关的视觉风格是一种"现实主义"，这很大程度上要归功于暗箱、明箱等技术。暗箱将自然对象（natural object）转化为图像（image），让人们可以对之进行"阅读"和"解释"。暗箱把图像从物（object）中分离出来，从而建立了一个新的知识与观看的组织方式或强制性的认知场域。❶ 对外界的认识和感知不是透过直接的感官体验，而是通过工具重新审视外界。技术工具改变了现象呈现的方式，现代科学中的自然不是原始的或赤裸裸的，而是经过技术改造的（technologically transformed）。❷ 暗箱绘画实践是一种图像-解释实践（image - interpretive practice），那些经过暗箱投射出来的图像，成为艺术家创作的对象，并决定了相应的绘画风格和体制建构。

不仅如此，物质阐释学也倒置了音乐、科学仪器、合成器和数字合成器的传统阐释方式。艺术依靠科学技术，技术也可能依赖艺术。伽利略的技术和许多早期光学绘画设备被用于艺术，现代的合成器和数字合成器之类的物质材料也被用于艺术，这是一种从科学向艺术的巨大转变。伽利略时代的艺术促进了

❶ Jonathan Crary. Techniques of the Observer: On Vision and Modernity in the Nineteenth Century [M]. London & England: The MIT press, 1992: 36 - 37.

❷ Don Ihde. Art Precedes Science: or Did the Camera Obscura Invent Modern Science? [A] //Helmar Schramm, Ludger Schwarte, Jan Lazardzig. Instruments in Art and Science: On the Architectonics of Cultural Boundaries in the 17th Century. Berlin: Walter de Gruyter, 2008: 383 - 393.

早期现代科学的发生和发展，而现代艺术促成了合成器和数字合成器自身的更迭，乐器从最初的模拟乐器发展为数字合成器。这又是一种艺术向科学的转变。艺术实践本质上需要物质阐释学进行更加全面的解释。

（三）阐释实践的物质性

经由这些不同学科的案例分析，伊德重申了科学转向阐释学以及人文社会科学转向阐释学的现实情况，突出了物质阐释学融合二元论的努力；另外，他也没有放弃技科学或后现象学视域，而是表明有"一般阐释学"倾向的物质阐释学对"生活世界"概念的反转，并在阐释冰期科学与月历（科学和技术、科学和知识）形成关系时重新逻辑化了知识起源问题。最后回到了阐释学发展历程，考察利科从语言向物质阐释学的转变。似乎所有的实践形式中都有物质阐释学的影子。物质阐释学认为自然科学有进行解释和阐释的必要，同时扩展了人类科学（尤其是考古学和人类学）的阐释视野。大量的案例表明艺术实践、古代历史、音乐甚至后殖民冲突等都可以采用物质阐释学得到更"科学"的理解，那些被广泛运用于人类迁移、地球变化和遗传学等现象研究的成像技术也可能改变人们对人类历史的认识。

虽然伊德在从语言转向技术的过程中缺少连贯性的分析，有将两个层面上的问题混淆的嫌疑，但这并不影响阐释学对物质性研究的关注和强调。20 世纪 60 年代以来"应运而生的'过程论''事件论''混沌论''物质文化论'以及'行动者网络理论'等新型物质观念，凸显出物作为文化、过程、事件和关系网络的属性特征，展现出物的生动性、延展性、生产性和能动性，促生出一种生态范式的物性观念，重构了人与物、物与物、物与非物、人性与物性之间的关系图景"❶，物质本身的能动性进一步促进了物质阐释学研究对象的扩展，经由对各种事物的阐发逐渐形成了一种具有普遍适用性的阐释学概念。

施莱尔马赫的"一般阐释学"较之语文学阐释学更系统和理论化，但是他将原文意义看作一种客观存在。相比而言，作为"一般阐释学"的物质阐释学不只是基于语言和文字，而且基于物质和物质性，主张阐释学与实证主义的结合研究，并将其运用于自然科学和人文学科。相比于其他的阐释方式，从事物质阐释学研究就需要更大的"成本"，而且物质性连接（技术中介）或技术只是阐释学关系中基础形式的一种，所以物质阐释学也并不是唯一的阐释方案。比如依据考古学照片，可以从形状上辨别出某个实物，但是其原始环境及地理位置等信息被隐藏了；望远镜"看"到的月亮，也可能隐藏了月亮的颜色和其所处的宇宙环境；红外线照片增强了植被和非植被的差异，超出了同构彩色照片的限度，但同时也隐藏了一些外部表象。也就是说感知是可以被中介调节的，而物质"原文"和中介的形态、属性、可供性，以及对物质的占有等都可能预设或修改"文本"和所指关系，所以物质阐释学不仅需要知道"阅读"何以可能，还须嵌入一种批判的视角。

## 四、结语：阐释学的多模态协同

物质阐释学给了（gives）事物一种"声音"，让事物说话。❷

---

❶ 张进. 物性诗学导论［M］. 北京：人民出版社，2020：4-5.
❷ Don Ihde. Material Hermeneutics：Reversing the Linguistic Turn［M］. London and New York：Routledge，2022：34.

如果说传统的"一般阐释学"标志着非单一学科性（non - disciplinary）阐释学的萌芽，那么物质阐释学则标志着非单一学科性阐释学的"重置"，也就是将阐释学重新奠基于物质性之上。物质阐释学为通向唯物论阐释学创造了条件。它在某种程度上"反转语言转向"，使阐释学的参照范式从"语言文本"模态转向"具身感知"模态，更多地表现为一种认识论和方法论。但是，物质阐释学并不能代替"文本阐释学""哲学阐释学"等；而且，在物质阐释学中，诸多物质性维度之间的内在关联及协同运作问题，以及"具身感知模态"与"语言文本模态"之间的多模态性协同问题依然悬而未决。21 世纪以来，越来越多的多模态现象纷纷涌现并深度融合，❶ 我们需要超越语言文本或物质事物的单一模态，追求一种多模态性协同的阐释模式，以增强阐释学对当下文艺文化现实的阐释效力。

（原文刊于《福建师范大学学报（哲学社会科学版）》2022 年第 5 期，第 92 - 104 页，略有删改）

---

❶ Gunther Kress. Multimodality：A Social Semiotic Approach to Contemporary Communication［M］. London and New York：Routledge，2010：1.

# 致　谢

首先感谢我的妻子琳达·艾因霍恩－伊德（Linda Einhorn － Ihde）——这个项目中我最亲密的合作者，如果没有她，该项目就不可能完成。她比我更了解计算机背后的秘密，复杂的劳特利奇的格式，以及计算机语言的"修复"。此外我要引用她在一封电子邮件中的回复："很高兴能够在这个非常重要的项目中提供帮助。"她花了很多的时间来做这一切，我很感激。

在创作这本"巅峰之作"和上一本书时，我遵循了一个不寻常的流程。例如，我请了两个老朋友来审读和评论整个手稿，他们都是经验丰富的编辑。其中，罗伯特·罗森伯格（Robert Rosenberger）是列克星敦系列丛书《后现象学和技术哲学》的主编，也是佐治亚理工学院的副教授；新罕布什尔大学名誉教授罗伯特·沙尔夫（Robert Scharff）则是《大陆哲学评论》的资深主编。

还有一些人——希望我没有落下任何人——从各自的视角对本书提出了建议和批评。其中包括密歇根州立大学农业伦理学教授保罗·汤普森（Paul Thompson）（他是我 1980 年在石溪大学教授的第一个哲学技术博士，现在是国际生物技术专家）；华盛顿州立大学的科学哲学家帕特里夏·格莱泽布鲁克（Patricia Glazebrook）；石溪大学名誉教授多恩·韦尔顿（Donn Welton）是我的同事，也是一名胡塞尔研究专家；华盛顿贡萨加大学的讲师罗伊辛·拉利（Roisin Lally），研究方向为后现象学和技术哲学。由于"物质阐释学"已经发展了较长时间，我还与其他许多人进行了持续的对话，其中包括布鲁克海文国家实验室的同事，历史学家罗伯特·克里斯（Robert Crease）、马歇尔·斯佩克特（Marshall Spector）、洛伦佐·辛普森（Lorenzo Simpson）和埃德·凯西（Ed Casey），他们也是我在石溪大学的同事；再加上1994—2012年技术科学研究小组的50多名访问学者，我在1994—1998年非正式地指导该小组，并在1998—2012年正式指导，直到退休。我还和哈佛大学彼得·盖利森（Peter Galison）保持着长期的联系，他是世界上最好的历史学家和科学哲学家之一，在本书中被反复提及。至于休伯特·德赖弗斯（Hubert Dreyfus），从20世纪60年代在麻省理工学院的日子到2017年他去世，我与他保持着数十年的友谊和学术对话。

# 目　　录

# 第一章　为什么是物质阐释学？

## 一、物质阐释学：反转语言转向

本书显然是一本关于 21 世纪的书，它解决了一个主要的阐释学问题，这个问题的根源仍然与我们处理"自然科学"，同时处理"人文和社会科学"或"人类科学"有关。两者分裂的最深层根源是我所称的"狄尔泰鸿沟"（Diltheyan Divide），它的影响是在 19 世纪产生的，当时现代科学对传统人文科学和当时较新的社会科学的影响越来越大。威廉·狄尔泰（Wilhelm Dilthey, 1833—1911）继乔治·黑格尔（Georg Hegel）之后担任柏林大学的教席，对马丁·海德格尔（Martin Heidegger）这位现在仍被视为技术哲学的奠基者（的哲学家）也有重要影响，他是一位深沉的德国浪漫主义思想家，与 19 世纪末旨在创立普遍阐释学作为人文学科、新兴社会科学，或者狄尔泰统称的"人类科学"思维的主要模式的运动有关。他的"鸿沟"，是一种区分说明和理解方法的解决方案，在欧洲大部分地区仍存在，但在美国不多见。

我自己的第一本著作《阐释学现象学：保罗·利科的哲学》（1971）遵循了这段阐释学的历史——或者是亚里士多德更早所说的，《解释篇》（*peri hermeneias*）——到后来我在《扩展阐释学：科学中的视觉主义》（1998）中对其进行了发展。

伴随着对自然科学和人文科学的当代变化产生的特别兴趣，《物质阐释学：反转语言转向》重返这场持久的关于阐释或理解的辩论。作为一次重返，它是对"狄尔泰鸿沟"的反驳，是对阐释学在所有科学实践中的深层作用重新考虑的新项目，特别是在人文和社会科学中扩展了的物质阐释学。20 世纪 70 年代初，我转向技术哲学之后，对成像技术的历史特别感兴趣，其产品、图像需要解释。出于这种兴趣，物质阐释学应运而生。几十年来，它一直在慢慢成熟。

什么是"狄尔泰鸿沟"？从早期现代科学（EMS）的进程可以清楚地看出，其起源主要在 17 世纪；到了 19 世纪，晚期现代科学（LMS），即早年被称为"自然哲学"，直到 1833 年，威廉·惠威尔（William Whewell）才将其更名为"科学"。命名通常遵循更长的前历史，狄尔泰对自然科学、人文科学（后来成为社会科学）的对比观察直到 19 世纪 60 年代才成熟。我所称的"狄尔泰鸿沟"源于他一生漫长而细致的毕生的事业，他将"自然"与他所谓的"人类"科学区分开来。我同时注意到一种区别，欧洲的术语命名，大多是允许所有学术"科学"（sciences）被称为"科学的"（scientific），而在北美，"科学"很少被用于人文学科、艺术，甚至社会科学。从我的角度来看，狄尔泰回应了"自然"科学在 19 世纪日益取得自主地位的成功，所以狄尔泰把他认为成熟的、有效的"自然"科学方法划到"客观性"的标题下，并将这类科学称为"说明"（explanation）；而"人类科学"，或 Geisteswissenschaften（德语：人文学科），被描述为理解或解释的科学（阐释学），但这些在很大程度上是语言、文本和"历史"的。

我的目的是反驳这种说明－理解的二元划分，并转而进行根本的观念修正，要扩展阐释学实践，坚决地包容物质性，并将物质纳入其视野，要认识到自然科学有必要更具有阐释性，同时显示出人文科学会在阐释学扩展到物质后变得多么充实而富有变化。正如说，物质阐释学"允许事物说话"，暗示如果我们"倾听"，无论是自然的还是人文的所有科学中的所有叙事，都肯定会被改变。在这里，我将把成像技术作为重点。我知道这并不是唯一重要的"后现代"技术。物质阐释学所显示的是，物质性只能通过多个阶段来展示。我特意采取这样一种方法：

在一般的观点中，首先是早期现代科学（EMS）。这是伽利略（Galileo）的时代，他往往被视为这一时期的导师。这既是中世纪晚期思想时期，也是文艺复兴晚期新的萌芽期。在西方，意大利在伊斯兰思想家推动以及在来自北方的宗教改革思想困扰下，出现过亚里士多德的复兴。在此之后，主导思想还是罗马的天主教思想，但也伴随着希腊哲学思想（主要是柏拉图主义）的复兴。两者在对感知和光学方面的怀疑上持有一致的看法。望远镜和显微镜中采用的光学技术是由伽利略的技能创造的，并在早期现代科学，尤其是在物理学和天文学中经常被使用。耶稣会的会士经常反对并怀疑感知和图像。他们认为运用光学可以非常轻松地建立双重或三重图像，因而设备和感知都是不可信的。

在19世纪启蒙运动时的晚期现代科学（LMS）中，光学技术已经提高了分辨率。比如，根据惠更斯（Huygens）的说法，如果不是因为伽利略的望远镜采用的是普通玻璃，土星的光环不会等到惠更斯时代——出现了能避免30倍"光学色差"的燧石玻璃——才被识别或成像。此外，到19世纪中期，詹姆斯·克莱克·麦克斯韦（James Clerk Maxwell）已经通过应用一个公式将电磁波谱（ems）数学化。这为更大范围的成像铺平了道路。诚然，海因里希·赫兹（Heinrich Hertz）1886年才发现无线电波，但仍属于现代晚期科学时期，从伽马波到无线电波，提供了一种测量方法来探测电磁波谱的有限极限。意想不到的是，正如我将要展示的那样，这为从视觉到其他以前未知的各种知觉现象的感知铺平了道路。

故事并没有就此结束。我所说的 PMS，或后现代科学，始于20世纪和21世纪激增的新型微纳米成像技术（见第二章）。例如，从碳－14技术开始的测年技术，可以精确定位到5万年前（但在1940年才被发明）。现在，通过仪器处理，可以追溯到几百万年前的年代。厄舍尔（Ussher）❶的"年轻地球"在科学的意义上永远消失了。这都是靠后现代科学（PMS）最近通过仪器设备完成的测年技术实现的。

## 二、保质期

我从"技术的历史是如何改变的"这一普通的问题开始。在最近的工作中，我使用术语"保质期"（shelf life）❷来描述特定的技术是如何在或多或少的改进中被发明并运用的。但仅限于它们被抛弃或者达到它们的"保质期"极限之前可变的有限期内。"保质期"是一个比喻，比如狭义地讲，在一个杂货

---

❶ 厄舍尔（Ussher），爱尔兰教会的厄舍尔大主教于17世纪中叶，通过对《圣经》的仔细研究，得到一个无比精确的结果，他认为地球的诞生时刻为公元前4004年10月22日"儒略历710年"，甚至他的这一结果后来还被印到了钦定版《圣经》中。——译者注

❷ Don Ihde, "Should Philosophies have Shelf—Lives?", *Journal of Dialectics of Nature* [China], January 2018, No. 1, pp. 100–106.

店里，牛奶、食品必须在某个日期之前食用。牛奶、肉和新鲜食物在限期内食用是安全的。更形象的例子是，从我童年时起，每个农家都有一个来自废弃或过时机器的老旧零件组成的"废弃堆"，它们以后可以用在组建用途不同的"拼凑"而成的新机器上。这些废弃堆指出了特定技术的偶然性和有限性，所有这些技术最终都会崩溃或"死亡"。针对这一现象，我们可以加上最近的观察，即随着历史发展的技术变革正在加速，或者保质期正在缩短。另外，这种"保质期"的概念也阻挡了"技术幻想"中频繁出现的关于机器之完美与永恒的夸张神话的发展。

例如，大多数考古学家都同意，阿舍利手斧（Acheulean hand axe）可能是有史以来使用时间最长、基本上没有发生改变的石器。第一个例子（见图 1.1）于 1859 年在法国阿舍尔河附近发现，后来几乎在全世界范围内均有发现，它是一种双面打制的工具，有多种用途——砍（树木碎片、植物、骨头）、刮皮，甚至可能是一种类似铁饼的投掷武器——它似乎来源于 180 万年前的直立人（homo erectus），一直以来都以相同的形式被制造和使用，直到大约距今 40 万年前尼安德特人（Neanderthals）出现，阿舍利型的石器工具才被舍弃。这意味着阿舍利手斧被使用或者说其保质期为 140 万年。我碰巧有一个，如果坐火车或开车，我有时会带它去讲课。大多数考古学家和人类学家都认为，这种单一的、长期使用的石器是人类拥有的最长保质期的技术工具。石器时代的工具通常有超过数百万年的"保质期"。

**图 1.1　阿舍利手斧**

来源：照片由琳达·艾因霍恩－伊德拍摄，来自作者的私人收藏。

如果我们跳到 18—19 世纪工业革命的发明上，包括那些普遍且为人熟知的技术发明，如打字机或从工业到铁路到船舶蒸汽发动机的更新换代技术，我们会发现，它们的保质期大约为125 年，无论如何考量，其保质期最多也只有几个世纪，不会更长。保质期稍微比打字机或蒸汽动力技术长一些的例外情况，要数两次具有革命性的农业技术，其时间跨度与早期现代科学（EMS）平行，直到进入工业革命时期。第一个是伊莱·惠特尼（Eli Whitney）发明于 1794 年的轧棉机，它能将棉纤维和棉籽分离出来，这以前是一个乏味的人工流程，但机械化大大加快了速度，并解放了人类双手——这是美国内战期间占主导地位的农业技术。各种改进技术提升了这一机器，所以今天它仍能以自动化的形式被保留下来，200 多年的"保质期"使它有了更多功能。今天的自动轧棉机增加了第三个分离功能，除种子外，还可以将小的有机颗粒分离出来用作牛的饲料。（我认为对于很多只有一个世纪多一点保质期的工业机器来说，它的保质期已经很长了。）第二项革命性的发明是发明于1831年的麦考密克收割机（McCormick Reaper），这是一种机械化割草机和干草切割器。之前的收割是由人用镰刀手工完成的，一个熟练的操作员每天可以割两英亩（约0.81公顷），一个早期的马拉收割机每天可以收割比两英亩大得多的两块田地。其后继者是一种单式割草拖拉机，至今仍有使用，我小时候曾经操作过，它几个小时就可以割完一块地。但1835年，联合收割机迅速将其取代，这是一种将收割和谷物分离相结合的多功能机器，从而取代了需要从一个农场转移到另一个农场的收割机和脱粒机，并同时完成秸秆堆放和谷物收获。（电影《天堂之日》展示了这个过程——对我来说，这也是我童年时代的记忆之一，我去给地里干活的人送啤酒和水，他们正在把没有脱粒的秸秆和谷物送到脱粒机中去。）联合收割机将这些功能"联合"到一个可移动的、由发动机驱动的设备中，这是另一种沿用至今的技术。所以，这种工业化机器的保质期仍然在一个世纪以内。简而言之，工业化的保质期可能长达几个世纪，而不是几千年。

后工业时代的保质期更短。移动电话或手机可能是目前世界上最常见的技术工具。社会科学家估计，全球95%的人都使用过手机，但手机并不是全部。正如格莱珉银行的"手机女士"（phone ladies）项目，把手机出租给马赛部落❶的整

---

❶ 以畜牧为生的马赛人，是东非现在依然活跃的游牧民族，主要活动范围在肯尼亚南部及坦桑尼亚北部。有了手机，马赛部落的牧民就能把贩卖牲畜所得的收益存入银行。——译者注

个村庄❶，有时照片上会出现一手拿着长矛，另一手拿手机的情形。❷手机是一种"跨越式"（leapfrog）技术，因为在某些发展中国家缺乏通道、有线线路等基础设施，因此任何地方都可以以较低的成本建造信号塔。手机的发明是在 20 世纪中期，它改进了电话的单一用途，增加了照相机、互联网、短信等多种功能，并且使之小型化了——从相当大的对讲机形式到纽约地铁上常见的小型对讲机——制造商大肆宣传，试图说服购买者每年的手机型号都是"全新的"。这与几十年来汽车制造商的炒作如出一辙。即使 1958 年和 1959 年只是尾翼有所不同，他们也宣称至少每年都会发生一次变化。事实上，如今的手机与 20 世纪中期笨重的手机截然不同，而且显然有更多功能（手机、相机、文本或文字处理器、互联网连接等）。❸同样的有限进程现象在科学对象中也能观察到，尽管速度较慢。例如，德谟克利特原子曾经就是一个不断发展的对象，从古典希腊时代到 19 世纪被卢瑟福原子完全取代，直到今天又被许多亚原子组成的复合体所取代。然后是燃素、乙醚、水晶球，所有这些都不再被视为科学对象——它们最多是历史上的古怪物。我认为，哲学或其子学科也应该是同样的情况，比如狄尔泰鸿沟，不过，速度可能会更慢。没有人认为亚里士多德的生物学与今天有关，

---

❶ Evan Selinger，"Does Microcredit 'Empower?' Reflections on the Grameen Bank Debate"，*Human Studies*，March 2008，No. 1，pp. 27–41.

❷ 格莱珉银行资助农村女性购买手机，她们再按分钟把移动电话租借给其他用户。这本质上是把格莱珉银行对金融服务的小额、分布式、社区化的做法，移植到数字时代核心的电信和互联网资源上了。这是格莱珉和挪威电信公司合作的扶贫项目，该项目使银行发展成为孟加拉国最大的企业之一。——译者注

❸ Galit Welner，*A Postphenomenological Inquiry of Cellphones*，Lanham：Lexington Books，2015.

就像没人会考虑"针尖上能站几个天使"。

### 三、科学哲学的实践转向

科学哲学本身就是一个不断变化的过程。它在 19 世纪晚期的形式，正是埃德蒙德·胡塞尔（Edmund Husserl）和马丁·海德格尔时期对科学的主要哲学解释❶，是亨利·庞加莱（Henri Poincare，1854—1912）、皮埃尔·杜亨（Pierre Duhem，1861—1912）和恩斯特·马赫（Ernst Mach，1838—1916）等核心人物领导下的数学化。在胡塞尔的例子中，这导向了他自己使用的望远镜。在数学家之后，著名的维也纳学派 1922 年创立了实证主义，宣布只有科学可证实的命题才是真的，其他的都是胡说八道。在英国分析语言哲学的支持下，这种科学解释风格在 20 世纪初的英语国家仍然占据主导地位，尤其是欧洲大部分地区的实证主义者在 20 世纪 30 年代摆脱纳粹主义之后。❷从 20 世纪早期到中期，对科学的信仰可以概括为：

●　自然科学被认为是累积起来的，它们所产生的知识以不断改进的方式积累起来。

●　它们是统一的，以物理为基础，通过化学、生物学等学科形成清晰的层次结构。

●　所有的科学都可以通过命题逻辑和可分析理解的语言来验证。

---

❶　Don Ihde, *Heidegger's Technologies：Postphenomenological Perspectives*, New York：Fordham University Press, 2010, see chapter 4, pp. 91 – 113；and *Husserl's Missing Technologies*（New York：Fordham University Press, 2015），see chapter 1, pp. 1 – 12. 这些章节涉及海德格尔和胡塞尔时代的科学哲学。

❷　Lewis Coser, *Refugee Scholars in America*, New Haven：Yale University Press, 1984.

但在 20 世纪中叶，这些主流的实证主义观点经常被称为"反分析"（antianalytic）的哲学家们反驳。这是由托马斯·库恩（Thomas Kuhn）、保罗·费耶拉本德（Paul Feyerabend）、卡尔·波普尔（Karl Popper）、米歇尔·福柯（Michel Foucault）和其他人领导的，他们认为：

● 科学是植根于历史和社会的。

● 科学往往是不连续的，以至于整个科学对象、信仰和理解都消失了，就像库恩的"范式转换"、费耶拉本德的相对主义、波普尔的研究纲领，以及在欧洲的福柯提出的认识论一样。

● 我补充说，从技术哲学来看，没有仪器和技术的话，科学既不能也不会在任何晚期——我现在甚至认为是在前现代的意义上——运作。"科学一直是技科学"，至少从冰期的袖珍月历到今天的黑洞成像仪都是这样。

到 20 世纪中期，大量新的科学解释，我称之为实践解释开始出现，但通常是来源于社会科学而不是科学哲学。来自英国的"巴斯学派"、"科学知识社会学"（SSK）、"社会建构主义"，如哈利·柯林斯（Harry Collins）和特雷弗·平奇（Trevor Pinch）；来自法国的米歇尔·卡伦（Michel Callon）和布鲁诺·拉图尔的"行动者网络理论"以及拉图尔和史蒂夫·伍尔加（Steve Woolgar）的《实验室生活》（1979）。很快，从事实验室研究和其他实践的女权主义者，在解释科学的时候加入了性别角色和多元文化角色，包括伊夫林·福克斯－凯勒（Evelyn Fox－Keller）、唐娜·哈拉维（Donna Haraway）、桑德拉·哈丁（Sandra Harding）。

简而言之，科学作为一个独立的理论生产者、文化和社会政治自由的形象，已经被一个，也许是唯一的一个，具有多个维度的人类实践所取代。我发现有趣的是，大量的主流思想家开始解释这种丰富性，包括埃尔南·麦克马伦（Ernan McMullen）的《科学的社会维度》（1992），特别是罗纳德·吉尔（Ronald Giere）的《科学透视主义》（2006）之前的核心实证主义研究。

### 四、视觉主义和图像

我们现在更接近了这个项目的一些独特焦点。如果在更深的层次上，所有的科学都使用仪器或技术，那么在最近的科学中，这些技术中有许多都是成像技术。这对科学产生了两种非常广泛的影响：所有的图像都呼唤解释，即需要阐释学；所有的图像是物质技术在其仪器上的体现。简而言之，我认为，成像技术在阐释学方向上改变了科学实践。这是《扩展阐释学：科学中的视觉主义》这一大型研究成果的子主题。❶

许多科学仪器的进步，特别是从 19 世纪末到当代（从 19 世纪的摄影学、新兴光谱学、干涉测量学，后来的 X 射线，到 20 世纪早期的无线电、雷达以及这些成像技术的各种组合），流行于今天所谓的媒介技术中，也受社会和文化的影响。这种进步始于广播、电影，后来的电视，直到今天屏幕和电子媒介的传播。

出于对科学阐释学特别的兴趣，从其早期历史的很长一段时间可以看出它对视觉（和独特的视觉阐释学）实践的特殊偏好，从早期现代科学（EMS）到晚期现代科学（LMS）时

---

❶　Don Ihde, *Expanding Hermeneutics: Visualization in Science*, Evanston: Northwestern University Press, 1998.

代——与文本不同——这些实践使用可视化图表、示意图、模型和其他图像绘图。我并不是唯一一个对这些实践发表意见的人，例如，科普曼斯（Coopmans）、维尔特西（Vertesi）、林奇（Lynch）和伍尔加的《重新审视科学实践中的表现》（2014）或格罗斯（Gross）和哈蒙（Harmon）的《从视觉到洞察力的科学：科学家如何说明意义》（2014）。科学文章仍然是文本，但大多数都充满了对图像式图画的多样化的说明。此外，通常以图像形式提供数据的仪器主要来自成像技术，许多将用于以下章节的案例研究。我会考虑不同的科学学科如何不同地使用同一种成像技术。举一个初级的例子，天文学家更喜欢我所说的来自于仪器的特定频率范围的"切片"，这些仪器聚焦于电磁波谱某个狭窄范围（电磁波谱，如 X 射线范围）。当蟹状星系被如此成像（见图 1.2）时，它的中心脉冲星及其极性辐射射线清晰可见。而在医学实践中，如果想使脑瘤成像，则首选结合 CT、fMRI 和 PET 扫描的复合断层技术将其显示为 3D 图像，以方便手术。

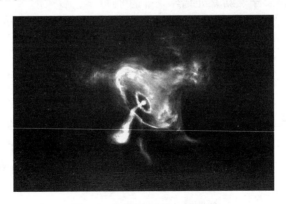

**图 1.2  蟹状星系 X - 射线图**

来源：www. nasa. gov/black - holes. 在公共领域的图像。

或者，人们可以关注一些重要的历史图像，例如罗莎琳·富兰克林（Rosalyn Franklin）的 DNA 结构的 X 射线晶体学图像，詹姆斯·沃森（James Watson）非法窃取了该图像，他立即感知 DNA 螺旋是双螺旋的，而不是三螺旋的。我最喜欢的图像是最近使用了八个相距甚远的射电天文仪器，用层析成像技术制成了已知最大黑洞的"虚拟"望远镜图像（见图 1.3）。每一幅图像都说明了物质阐释学在自然科学中的应用。（所有的图像都需要解读，我最近的几位博士生也写过前沿科学讨论中的图像争论是如何发生的文章。）❶

**图 1.3 黑洞**

来源：www. nasa. gov/black – holes. 在公共领域的图像。

人们可以很容易地看到，这样的实践将不再遵循狄尔泰鸿沟，因为解释图像的阐释学与狄尔泰意义上的说明（explanatory）

---

❶ 1609 年，伽利略第一次意识到复合透镜望远镜，当年伽利略造出了自己的望远镜，并在 1609 年晚些时候开始天体观测。他立即在《天上的使者》（1610）上公布了他的发现。

方式不同。另外，图像解释也不再是狄尔泰意义上的语言或文本。我简要地回顾一下前面提到的 DNA 和黑洞图像。

- 在 DNA 的案例中，图像显示是双螺旋，而不是莱纳斯·鲍林（Linus Pauling）假设的三螺旋。

- 关于黑洞，阿尔伯特·爱因斯坦（Albert Einstein）早在 1914 年就推测了它的可能性，图 1.3 的照片是在 2019 年拍摄的（据估计，产生阴影图像的"镜头"花费了大约 6000 万美元！），所以在这里，这幅图像遵循了它早期的科学推测。

- 然而，在这两种情况下，仍然有某种意义上的"眼见为实"。或者，至少两者都是彼得·盖利森所说的科学解释中的悠久的图像传统的例子。

- 在科学图像的历史上也存在明显的差异。在晚期现代科学（LMS）之前，早期现代科学（EMS）和发布的电磁波谱（ems）都是非常不同的。伽利略的望远镜和显微镜彻底改变了科学。这些成像技术确实让人看到以前无法看到的东西——伽利略自称《圣经》和亚里士多德都没有看到他用望远镜看到的东西，虽然他并不相信在他之前的文艺复兴艺术的早期成像实践中使用了暗箱（camera obscurae）、明箱（camera lucidae）技术，或达·芬奇、杜勒等人的许多绘画设备。然而，值得注意的是，所有早期现代科学（EMS）成像技术（通常是光学成像技术）仍然局限于所谓的"光学白光"或"眼球"光，其频率仍在人类肉眼可见的范围内。事实上，在电磁波谱被发现之前，所有的视觉成像（和天文学）仍然局限于"白光"。因此伽利略的天体宇宙——即使发生了很大变化，也仅限于特征被放大了（人们通常认为，他独特地观测到了月球上的山脉和"海洋"，金星的相位，以及由于望远镜分辨率有限，尚未清晰成像为光环的土星环）——银河系，是无数的恒星和太阳黑子组成的。

现在，我不想去暗示在 19 世纪中叶首次被清晰发现的电磁波谱（ems），其本身引起了一场新的仪器革命。例如，无线电波的意外发现导致了第一个非视觉天文学图像，甚至最终使用射电望远镜拍摄的黑洞图像，这都早于我将要提到的许多微处理成像技术。然而，很容易注意到的是，在电磁波谱之后，我们可以用有"切片限制"的成像仪器对从纳米频率伽马波到千米或更长的无线电波的天体现象进行成像。

这些都不符合"狄尔泰鸿沟"，它没有考虑科学地说明阐释学，而科学理解仍然停留在语言 - 文本阐释学的范围内。虽然我在这里并不打算深入探讨自然科学的解释转向，因为这更像是《扩展阐释学：科学中的视觉主义》（1998）的重点，但我确实想扩展阐释学风格的转变，因为它涉及物质的（materiality）工具性媒介和向科学实践的转向，而越来越多地关注物质"事物"。促成这一转变的科学当然是人类学和考古学。两者的起源都比其他 19 世纪相关的"社会科学"要早一些，甚至要早于早期现代科学（EMS）。文艺复兴时期，随着古希腊思想、亚里士多德和伊斯兰思想的复兴，早期人类学和考古学被引向了文化现象（cultural phenomena）研究。就人类学而言，有一种关于地方实践的早期认知（早期人类学是"文化的"而不是"物理的"，尽管后来关于人类起源、迁徙和石器的发展研究，将在物质阐释学中发挥更大的作用）。然而，考古学从文艺复兴时期开始，就对文物、建筑或物质性感兴趣（我知道中国更早就有类似做法，但我不在此处追溯）。考古学反映了当时人们对古代历史重新产生的兴趣，但现在以"物质性"作为焦点现象进行研究。

起初，物质文化（文物、建筑、陶器和工具）的转向在知识生产方面较少涉及工具中介，更多的是对"眼球"和宏观文化进行分析，但也对"不朽"（monumentality）感兴趣。因此，埃及金字塔、巴比伦空中花园、英国巨石阵和其他中石器时代（Mesolithic）的建筑、陶器和工具风格被例举、分析和推测。在斯堪的纳维亚半岛的符文和中石器时代建筑中也是如此。这种兴趣一直延续到早期现代科学（EMS）时期，直至启蒙运动。例如，可参见伊曼努尔·康德（Immanuel Kant）的文章《从实用主义的角度看人类学》❶。很久以后，我也在自己的论文《保罗·利科的现象学方法论和哲学人类学》（1964）中延续了这种兴趣。❷ 所有这些都很符合让-弗朗索瓦·利奥塔（Jean - Francois Lyotard）的被后现代取代的前现代概念。而且，我们应该补充一点，从 19 世纪开始，施利曼（Schliemann）就鼓吹特洛伊的重新发现，德国人对古希腊浪漫之爱与日俱增。

我想在这里补充一个关于物质阐释学，隐喻地说，是如何成为自然科学的"考古学"的说明。也就是说，所有的考古学——甚至是早期——都把人工制品作为具有解释兴趣的对象。同样地，今天的成像技术本身是物质，通过"看"或"听"到同样的物质人工制品（material artifacts）以进行解释。❸

---

❶ Immanuel Kant, "*Anthropology From a Pragmatic Point of View*"（最初发表于 1795 年，2008 年由 Semiotext 重印）。

❷ 我的论文 "*Paul Ricoeur's Phenomenological methodology and Philosophical Anthropology*" 于 1964 年完成；后来扩展成一本书。*Hermeneutic Phenomenology*, *The Philosophy of Paul Ricoeur*, Chicago：Northwestern University Press，1971.

❸ Don Ihde, followed by *Heidegger's Technologies：A Postphenomenological Perspective*, New York：Fordham University Press, 2010.

所以，我现在回到成像技术的作用，特别是那些伴随电磁波谱（ems）产生的技术，因为作为一个整体，这些技术也显示了向纳米和微图像处理技术转变的开始。我将在这里初步列出一些"案例研究"的例子，其中许多将在接下来的章节中被使用（注意，作为一个特定的微过程，一纳米等于十亿分之一米）。

- 在第二章中，我展现了一个没有语言或文本证据的案例："冰人奥茨"，1991年在阿尔卑斯山融化的冰川中发现的一具5300年前的木乃伊。如果有人问"他是什么时候死的"，答案可以通过使用扫描显微成像技术找到，肠道显微镜检测到铁木树花粉的存在，该树只在5月脱落花粉，但花粉太小，无法通过"眼球"视觉来识别。因此，这种"物质阐释学成像"为回答这个问题提供了证据。或者，隐喻地说，"事物本身"告诉我们他何时去世。我发现，我们现在对奥茨的很多了解都是由20—21世纪才发明的当代成像技术发现的。

- 在后面的第五章，高科技显微镜的再次使用显示了在楔形文字板中存在的三种硅藻——今天仍被收藏在大英博物馆。这些眼球不可识别的硅藻有不同的生命形式，其中一种只生活在淡水中，另两种生活在咸水中。因此，物质阐释学重新解释了巴比伦文明是如何崩溃的（来自底格里斯河和幼发拉底河的农业灌溉系统逐渐使土地盐碱化，从而破坏了粮食供应）。这不仅转变了19世纪之前对战争的关注（牧师、将军和贵族等精英被认为是巴比伦陷落的原因），而且是20世纪对更关注物质基础（包括农业的失败）的转变。早期的解释——并非错误，只是不全面——主要与历史和文本证据有关，后期的解释对与物质文化相关的事件进行更物质的分析，"事物本身"在这里被赋予"声音"，改变或至少丰富了叙述。

● 但是，从我的角度来看，作为一种文化选择，科学似乎更喜欢可视化，图像也可以是声音的或其他形式的。后现象学使用了全身知觉的概念，在莫里斯·梅洛－庞蒂（Maurice Merleau－Ponty）之后，我主张采用多感官的方法。在第八章和第十一章中，我从晚期现代科学（LMS）开始，正是在这个多方向（multi－direction）上有一个具有意想不到意味的取向。例如，在最近的声学成像中，正是通过探地雷达在 2015 年发现了"超级巨石阵"，这是中石器时代建筑中的一组埋石，比巨石阵大 5 倍，距离巨石阵只有 5 英里。

● 或者是，我在第一次访问墨西哥的乔鲁拉时发现的埋藏的金字塔，这是世界上已知体积最大的金字塔。在询问当地的人类学家和考古学家是否知道其他埋藏的金字塔时，他们回答说，最近用雷达磁测法进行的航空调查显示，墨西哥有 8600 个较小的埋藏的金字塔。

● 现在，更复杂的图像处理技术，如激光雷达（LiDAR）和其他穿透表面、树木和覆盖物的图像技术，可以穿透障碍物，在近代，打开了一个由被埋在地下的城市和丝绸之路分支组成的完整世界。

我把所有这些作为物质阐释学的例子，它们同样由当代成像技术提供。大多数章节都是"案例研究"，有些遵循科学技术研究（STS）的传统，说明了微成像技术如何显示物质阐释学过程。然而，现在是时候进行一些回溯了。如果科学确实一直都是技科学，那么它的物质仪器的历史就像它的"世界"和"观察者"一样发生了彻底的变化。例如，早期的人类学或考古学并非没有仪器的物质性。早期的考古学专注于一些人工制品,比如建筑。即使在初期阶段,考古学家也总是使用一系列简单的工具来挖掘、清洁、修复和简单地处理精细的人工制品。人工制品经常需要挖掘、清洁、处理和修复。他们用到了放大镜、早期现代科学(EMS)的白光光学,但还没有开始使用微处理成像技术,因为这些技术实际上直到20世纪和21世纪才被发明出来。

如果我使用很久以前的现代天文学实践,它远远早于当代考古学,那么在最早的形式中,天文学曾经是"眼球"观察的,至少因为它的前现代历史先于所有光学的历史。但天文学与物质技术的关系与之前的观察结果相似:所有主要的古代文化都观察到了天空,到了冰期,大多数人都熟悉27天以上的月球周期。最早的月历,很多都是常见的石刻形式,被称为"袖珍月历"(pocket lunar calendars)。但这些都是物质技术,是记录某种证据的人工制品。我认为第二种物质技术也是必要的,尽管在古代之前的考古证据是很少的。"眼球"的观测结果不仅需要像月历一样被记录下来,而且需要标准化。这些技术可能很简单,比如公元前240年,在古希腊科学中埃拉托斯特尼(Eratosthenes)用来计算地球大小的日晷(the gnomon)。我们不知道通过石圈使至日(solstice)观测标准化的历史有多长,但到了中石器时代,它们已经很普遍,并且在全球范围内广泛传播。从巨石阵到苏人医学环(Sioux Medicine Rings),这些都是现存的使"眼球"观察得以标准化的技术。如前所述,早期现代科学(EMS)因光学改变了一切,包括望远镜和显微镜。现在我要转向包括微处理在内的更现代的成像技术科学案例。

有趣的是,我将直接从我的亲身经历中举一个例子。在研究生学习和哲学博士学习期间(1958—1964),我曾在麻省理工学院（MIT）担任牧师。在那里，我遇到了一向合群的"埃哲顿博士"哈罗德·埃哲顿（Harold Edgerton），他在 1931 年发明了电子频闪摄影技术，可以以每秒 5 帧或更多帧的速度拍摄亚秒级照片，就是大家熟知的"牛奶滴"皇冠图像或穿过苹果的子弹的图像。

然而，埃哲顿的频闪摄影只是 20 世纪早期向纳米技术或图像尺寸大大缩小的技术迈进的一步。20 世纪后期的一项发明是向飞秒摄影（femto photography）领域的量子飞跃，飞跃到每秒数十亿甚至数万亿帧。这个速度快到足以使运动的光子延时。随着量子计算和许多其他量子现象的实验，现在我们似乎即将有另一场成像技术的革命，这一次，纳米或飞秒摄影速度达到十亿分之一米，飞秒摄影速度甚至可以更快。

飞秒摄影是在 20 世纪 70 年代由瑞典皇家研究所尼尔斯·艾布拉姆森（Nils Abramson）发明的。后来，在麻省理工学院拉梅什·拉斯卡尔（Ramesh Raskar）的指导下，这项技术被证明能够捕获每秒 1 万亿—10 万亿次的帧。另外，以我为例，随着学术研究成果迅速转化为商业运用，2017 年，我返回去做了白内障手术。刚刚发明的白内障多焦晶状体，使患者不再局限于在近视和远视改善之间选择，也就是说，在 2017 年之前，一个人可以选择非此即彼（either/or），而不能亦此亦彼（both/and）。然而，现在人们可以两者兼得，飞秒激光手术过程允许放置晶体的精度超过 10 亿倍。以我为例，我的外科医生称之为"完美的视力"——我不再需要任何镜片，甚至是 86 岁时戴的老花镜。这种微改进处理技术仍处于早期发展阶段，但速度和分辨率的飞跃如此之大，相比之下，今天的微过程很快就会显得粗糙。所以，我们在这里看到的是光学的一系列飞跃，从静态指引器（星云、石圈、巨石景观，如巨石阵），到早期现代科学（EMS）的早期光学（望远镜、显微镜），到暗箱的变化（光谱学、干涉测量），到电磁波谱（ems）相关的非白光光学（X射线、伽马波、无线电等），到电子变化（频闪观测），再到今天正在发展的最微观的、作为飞秒过程的量子、纳米。我不会试图进一步预测，但这些阶段清楚地表明了成像技术是如何在当代技术中变得越来越微过程的。

一旦这一章"为什么是物质阐释学"完成后，其余的章节将遵循一个后现象学的框架。为什么是后现象学？后现象学，在历史上是通过石溪大学技术科学研究小组的实践形成的，已经成为STS的主要竞争者，自2007年以来，在STS小组举行的重大会议上成立了规模越来越大的研究小组。对经典现象学的仔细修正的明确描述可以在三部曲中找到，《后现象学与技科学：北京大学讲座》（2009），着意介绍了后现象学，以及我的其他两本著作，《海德格尔的技术：一个后现象学的视角》（2010）和《胡塞尔的缺失技术》（2015）展示了经典现象学的局限性。许多读者知道，后现象学结合了美国实用主义的关键见解，尤其是20世纪末在理查德·罗蒂（Richard Rorty）启发下的"反本质主义"和"非基础主义"，以及约翰·杜威（John Dewey）早期对查尔斯·达尔文（Charles Darwin）的有机体/环境模型的交互关系分析的调整，并将其（有机体/环境）应用于技术媒介。从现象学中保留下来的是激进变更方法的概念，并通过全身经验和身体参与来分析具体技术。"意向性"再次被视为一个相互关系的本体论（人类－世界），它在20世纪后期许多实践转向科学解释中也得到了强调。大多数STS的追随者尊重后现象学的当代取向，认为它超越了经典的现象学，是解释当代技术的一种手段。接下来，在第二章中，奥茨冰人将是物质阐释学检验的一个理想的"纯粹"的后现象学例子。奥茨冰人是 1991 年从意大利阿尔卑斯山高地一个正在融化的冰川中发现的木乃伊。我们对他的了解比其他大多数人了解更多，这些信息几乎都是通过我所称的"后现代成像技术"或 20 世纪和 21 世纪开发的仪器所提供的证据而产生的。事实上，即使是受过训练的专家也局限于"眼球"观察，对奥茨的早期猜测也被证明是错误的。通过"后现代成像技术"提供的微过程，这些观察结果得到了改进和修正。

然后，从奥茨这种"纯粹"例子中，我转向一套"经验转向"的技术哲学研究，如汉斯·阿克特韦斯（Hans Achterhuis）在《美国技术哲学：经验转向》（2003）中所描述的那样，用历史变化的"案例研究"来研究特定技术的后现象学实践。第三章探讨 8—10 世纪维京人入侵英格兰期间，不识字的入侵者维京人和识字的被入侵者盎格鲁－撒克逊人之间的紧张关系。第四章讨论有文化的入侵者——西班牙征服者们，特别是 1541 年科罗纳多（Coronado，西班牙探险家）到堪萨斯州（比 1620 年清教徒到普利茅斯岩早 89 年）——和不识字的美洲原住民的文化上的反转。这两个识字/不识字群体之间反转变化的例子将显示文字相对于物质阐释学在修改叙事中的优势和劣势。

第五章将转向三个案例研究，直接把显微成像技术应用于重大文明崩溃的证据，其中两个涉及灌溉失败，一个涉及剧烈的气候变化。然后，在第六章中，我的案例研究转向了来自学院的文本，它们被维苏威火山爆发严重破坏后，又被成像技术恢复了可读性。第六章将考察维苏威火山喷发时不可读（现在可读）的文本，以及现代艺术博物馆和纽约大都会艺术博物馆对马蒂斯和毕加索画作的当前物质的重新检验，这显示了不同时间（对画作进行）的修改。

第七章转向了一个古老的"技艺术"的例子，并考察了距今 10 万年前的南非布隆博斯洞穴（Blombos Cave）的前现代混合工具包。来自显微成像的信息，提供了关于当时艺术调色板的证据，以及混合工具包的材料，从而提供了有关古代艺术实践的新知识。

第八章转向一个不同的艺术实践，音乐，并考察一系列的乐器，以集中于当代合成器和电子数字合成器的考察来结尾。

第九章总结解释性实践是如何改变科学史的，第十章对人文科学和社会科学也做了同样的分析。

第十一章是附言，认为现象学阐释学传统现在必须以物质阐释学的方式从科学的角度重新考虑其自然文化"生活世界"的概念。这一结论认为，所有的"科学"都有一个阐释学的维度，并在今天以物质媒介的形式高度体现。

第十二章回顾了距今 3.2 万年前的月历，并主张技科学至少始于冰期。

第十三章，关于保罗·利科的附录，探讨了从语言－文本到物质阐释学的转变。

最后，本书以致谢和授权结束。

# 第二章 奥茨：业余爱好者，成为一个 科学对象，物质阐释学

## 一、奥 茨

世界各地的冰川开始融化，包括阿尔卑斯山上的冰川。1991 年，在奥地利－意大利阿尔卑斯山的奥泽尔阿尔卑斯地区，融化的冰川中突然露出一具冰冻木乃伊。我和我的长子埃里克（Eric）得到了第一份早期报告，该报告扭转了我们对古代人类迁徙和起源的长期兴趣。30 年后——就科学变化而言是一个很长的时间——与其他任何 5300 年前的人类相比，可能我们今天对"奥茨"这具木乃伊的了解更多。长期以来，我一直认为奥茨显然是 20 世纪的发现，与其他例子相比，他是人类用物质阐释学方式理解得最透彻的案例。本章旨在说明这一点。我把奥茨被发现后的时期分成三个不均等的时间段：第一个时期，我称为"业余爱好者"时期——他被发现并从冰川上移动，由非科学人员处理——时间非常短。

1991 年，奥茨作为一种"科学对象"首次被放置在冷柜里。这是他的第一次转移，进入奥地利因斯布鲁克大学的医学部。直到 1998 年，他被迁移到位于博尔扎诺的意大利蒂罗尔考古博物馆的一个专用设施中。

事实证明，业余爱好者时期只有充满粗糙处理和猜测的几

天时间。第二个时期从 1991 年奥茨被安置在因斯布鲁克开始，直到迁移到博尔扎诺——这段时间有极少的、持续的科学成果，在博尔扎诺发现了后来大部分的东西。事实上，这一切都归功于 20 世纪和 21 世纪的成像仪器，因此，他的"物质阐释学"时期（1998 年至今）距他被发现过去了大约 20 年。我觉得我必须发表一些关于奥茨故事的反思性评论：首先，最早得出关于奥茨的"科学事实"的"后现代"科学仪器是——在被发现后的 3 个月——1991 年 12 月的碳－14 测年仪。碳－14 测年法是在 20 世纪 40 年代由威尔弗雷德·利比（Wilfred Libby）发明的，他因此获得了 1960 年诺贝尔奖。到了 20 世纪 90 年代，科学测年的"黄金标准"范围可追溯至距今 5 万年前。当奥茨被测定时，几乎所有以科学测年为依据的人都接受了奥茨距今有 5300 年的历史结论，这立即使他成为欧洲最古老的木乃伊。我想指出的是，人们对通过碳－14 测年仪得出的奥茨年龄的接受，与伽利略早期的生物学上的现代科学对望远镜或后来的显微镜的抵制有多大区别（见第九章）。

## 二、木乃伊

- 木乃伊一直让我们着迷。有许多种类的木乃伊——其中数量最多的是来自古埃及的数千具经过防腐技术处理的木乃伊。通过象形文字、古代文本和描述，我们知道很多关于保存尸体的复杂和古老的方法——包括动物（animals）和宠物（pets），但还有许多其他的东西——以及他们的各个部分（许多人类的生殖器与人体分开，这将成为与奥茨有关的一个重要事实），包括埃及特有的用羽毛给心脏称重仪式。

- 还有许多北欧的"沼泽木乃伊"，经常是将被处决人的尸体扔进沼泽。

- 此外，还有来自大草原的风干木乃伊，以及来自安第斯山脉的南美文化中一些特殊的献祭的年轻木乃伊。

- 就像这个简短的清单所显示的那样，木乃伊制作有许多方法（化学防腐、冰川和沼泽保存、干燥空气风干等）。

- 包括奥茨在内的木乃伊有一个非常严重的问题。一旦从沼泽、冰川或防腐环境中移出，木乃伊就会迅速腐烂。因此，需要尽早保存遗骸。在奥茨的例子中，这包括需要一个类似实验室的高湿度冷柜。正如我们将要看到的，由于他的位置最开始被认定在奥地利，后来又在意大利，因而他的尸体从奥地利转移到意大利，造成了一系列长期复杂的问题。

## 三、日　期

1991 年关于奥茨被发现的第一次报道，我认为这是首个现代仪器产生古代人类知识的接近现代（late modern）认识的实例，因为所有可靠的科学知识都来自 20 世纪的仪器，因此它可以作为新成像技术的理想范例，这将使科学本身成为（而不是被视为）后现代的、更像媒介的、阐释学的。读者们知道，我早就希望有人能通过科学的仪器史来建构一个科学的技科学历史。有几个主要的思想家认识到工具在科学中的重要性。阿尔弗雷德·诺斯·怀特海（Alfred North Whitehead）早在 1963 年就说过："我们之所以（在科学领域）具有更高的想象力，并不是因为我们的想象力更丰富，而是因为我们有更好的工具。在科学领域，过去四十年发生的最重要的事情是工具设计的进步。"❶托马斯·库恩也认识到，工具的改进改变了人们的看法（观察结果），但他并未继续坚持这一观点。"在 17 世纪，当人们的研究受到形形色色的以太理论指导时，电学家反复看到碎屑的弹跳……直到豪克斯比的大型仪器极大地放大了静电斥力效应，静电斥力才被真正看到"。❷库恩仍然坚持认为科学是理论驱动的科学哲学（尽管库恩反对实证主义，但在很大程度上受其影响），他没有强调工具介导的感知。早在《技术与实践》（1979）中，我就认为所有的科学都是通过工具（技术）体现的，后来在《工具现实主义：科学哲学和技术哲学之间的界面》（1991）中，我讨论了当时的哲学家，他们从科学哲学的分析传统和大陆传统中认识到仪器的中心作用。但时至今日，仍然没有人真正通过物质仪器来解释科学的全部历史。

因此，随着奥茨案例研究在其 30 年的历史中被不断扩展，它本身变得越来越复杂，我开始意识到出了问题。所以，原本我认为相对简单的任务——展示奥茨是物质阐释学现象的主要例子——现在却变得更加复杂了，正如我的标题所反映的那样。所以，我从测年开始。科学从最古老的起源开始，它的深层秘密之一就是测量，包括测年技术。今天的科学，至少自阿尔伯特·爱因斯坦以来，把一切都看作时空的一部分。但情况并非总是如此。如果在西方有关科学的传统中，这种测量感知模式

---

❶　Alfred North Whitehead, *Science and the Modern World*, New York: New American Library, 1963, p. 107.

❷　Thomas Kuhn, *The Structure of Scientific Revolutions*, Chicago: University of Chicago Press, 1962, p. 11. 这里原书的注释有错误，这句话应该是库恩《科学革命结构》第 117 页，而不是第 11 页。——译者注

始于希腊人及其哲学史，那么最初，空间显然比当今的时空更重要。我用我的同事罗伯特·克里斯（Robert P. Crease）早期测量的科学实例作为一个范例。在他简短而富有洞察力的著作《棱镜和钟摆：科学中最美丽的十大实验》（2003）中，克里斯引用了希腊哲学家、科学家伊拉斯托西（Erasthothene）的实验，他用一个简单的日晷测量地球周长，通过简单的几何学分析了它的投影，得出了当时非常精确的测量结果。［我已经指出，这个实验是在希腊时代的多元文化背景下发生的，而不是古典希腊时代。我自己的科学史是高度多元文化的，我发现最伟大的时期是在多元文化时期，比如巴比伦的犹太教 - 基督教 - 阿拉伯学院（Jewish - Christian - Arabacademy）时期，1492 年之前西班牙摩尔人时期的基督教、阿拉伯和犹太教合作时期也是一样。］早期希腊时代科学中的时间并不那么重要。与后来相比，人们并没有对地球年龄有太多好奇。❶

在古代，年代问题在宇宙学中往往更为突出。古代宇宙学中——其中有很多种类，大多是宗教形而上学的——有些是静态的（和"神创世论"），而有些是动态的，通常是无神论的。

● 在印度，无论是佛教还是耆那教（公元 7 世纪和 12 世纪），最古老的版本似乎都缺少与时间和宇宙有关的神（无神论），它们都是永恒的，有时是轮回性的。在耆那教中，一个创世神被认为是毫无意义的。

● 南美洲的宇宙学和历法，许多是周期性的，有时有神，通常有 10 万年以上的周期，但没有数百万或数十亿年。（尺度

---

❶ 在高度多元文化的统治时期，如 9 世纪的某些穆斯林统治时期、西班牙流亡前时期、14 世纪，科学团体、伊斯兰教、基督教和犹太教蓬勃发展。

大小也会随着时间的推移而变化。今天的测量是在数百万亿范围内，但随着量子测量即将在 21 世纪被投入使用，几十亿倍将成为现实。见第九章。）

● 西方的宇宙学通常比较简单，在三种宇宙观（巴比伦、埃及、希伯来）的基础上有所变化，许多宇宙都以类人身体（humanoid bodies）作为地球、开放天空和天堂的模型。欧西里斯和吉尔伽美什在埃及和巴比伦形成，但有趣的是，与创世起源相关的神（或众神）和许多静态类的形而上学的时间，经常被放置或接近书写的起源时间——距今 7000 年前（见后面将提到的"古老"和"年轻"地球的划分）。

● 当今以"大爆炸"理论为主导的科学宇宙论认为宇宙有 135 亿年历史，地球有 45 亿年历史。包括那些认为大爆炸之前宇宙处于膨胀/收缩循环的批评者，也认为有更多的爆炸，接着是膨胀，然后冷凝，以及又一次"大爆炸"的重演。

### 四、测年仪器

正是在这里，我称年代问题为当代异常现象。第一批真正精确的测年仪器是 20 世纪的发明。这些都是基于辐射测量技术处理的仪器。所有基于纳米－微观－自然处理的现象，大多与原子理论和已知的放射性衰变规律或其他已知的相关辐射测量技术有关。这些有着多种多样设备的方法中最著名的是碳－14 测年技术，该技术由威尔弗雷德·利比于 20 世纪 40 年代发明，现在是科学的"黄金标准"，可以精确地追溯到大约 5 万年前。从那时起，其他相关的光（热释光）和其他辐射测年技术将我们带到当前的科学宇宙论，将地球定年至距今 45 亿年前，将宇宙定年至 135 亿年前。最古老的岩石——澳大利亚的锆晶体的年代直到 1999 年才被测量出来。但异常的是，所有这些技术成像过程都是 20 世纪或更近一个世纪的发明。因此，尽管这种科学知识被认为适用于数十亿年的时间，但它必须被视为最近才产生的（我们不能断言，我们所发现的年代一直属于科学本身的历史）。

## 五、绕道："年轻"和"古老"的地球

虽然"年轻地球"是一种关于地球年龄的宗教理论，但通常被认为是由 17 世纪的厄舍尔主教（Bishop Ussher）提出的，他估计创世发生在 6000 年前（纽约苹果银行发行的犹太历认为犹太人的历史长达 5780 年），这两个日期大致对应于文字写作的时间起源，该来源通常最多可以追溯到距今 7000 年前左右。现代"创世科学"将年轻地球创世推到距今 1 万年前，带给科学一些贡献。在我的研究中，我了解到谷歌今天有更多的页面专门用于"创世科学"条目，而不是科学年代条目。这是当代宗教对互联网高度影响的写照。在美国，一项早期的盖洛普民意调查显示，38% 的美国人坚持原教旨主义的"文字圣经"的创世解释——最近的民调将这一数字提高到了 40%，这个数字非常接近特朗普在政治上的支持率。这个年代估算（《圣经》的）与目前科学估计的地球 45 亿年、宇宙 135 亿年的数字形成鲜明对比。但这是一个当前的对比数字——在这里，我将着眼于古代地球的早期科学起源，它们本身要古老得多。

● 早在 1504—1510 年，文艺复兴时期的博学者莱昂纳多·达·芬奇（Leonardo da Vinci）就对科学古地球有了一个预期。达·芬奇是某种原始古生物学专家，他在意大利阿尔卑斯山的高地旅行时，发现了贝壳和海洋生物化石——这里明显离

意大利海岸很远。他准确地得出结论，这些位于阿尔卑斯山的古代遗迹一定是古老的。

• 其他人则开始观察自然规律。例如，通过交叉比较，自然形成的树木年轮可以追溯到 1.2 万年前或更久，已经超过"年轻地球" 1 万年的极限。如今，现代的动物和化石动物身体上的各种生长模式都可以追溯到 1 万年前或更长的时间。根据现在的辐射测年法测定，化石遗迹中的这些范例延续了数千年。简而言之，还有许多更古老的方法可以证明地球的古老。

• 如今，从冰芯和海洋中获取的地貌沉积物，以及包括科罗拉多大峡谷在内的早期地质研究中，沉积物都是天然的，每年都有沉积，并且是可以计数的，尽管当时还没有产生能断代至数十亿年的辐射测量技术。

• 至少从早期的现代科学时代（EMS）开始，时间计数从自然遗留的模式中保留了古老地球的暗示，这可以确定为证据。剩下的，只有 20 世纪发明的辐射测年法才能验证的是，现在已经建立的岩石、流星数据和天文测年得出的地球的十亿年跨度。这再次证明了一种认识异质时代的叙事方式的合理性。

• 对于精确的技术科学史来说，需要一个确认新知识的年表。如果说地球和宇宙有演变，那么科学知识也有演变，而这一点很少被承认。

• 我怀疑，科学史可能会忽视后一种平行的时间演变，以维持技术幻想——科学知识是永恒的、普遍的和首要的，这一观点长期以来被 20 世纪后对科学本身的所有解释所驳斥。

## 六、回到奥茨

我现在可以回到奥茨，专注于他被发现后的近 30 年时间。

但我的返回也必须考虑到发现的时间异常。我们对奥茨的了解来自20世纪和21世纪仪器产生的证据，这是一个较近的时期。然而，这表明他的科学年龄是距今5300年，我想把我们对奥茨的发现与他现在近30年的发现历史联系起来。如何塑造这种叙述需要回顾我自己过去发生的两件事。1964年秋季，我在南伊利诺伊大学（Southern Illinois University）博士后教学的第一学期，其中包括一门跨学科的优等班课程，而在很久之后，在石溪大学（Stony Brook University，1994—1998）的本科生课程中，我又开始教授另一门跨学科的优等班课程。那时，我已经对人类起源、进化、迁徙等非常感兴趣。所以我提出了以下问题："最古老的原始人多大了？"我从一个聪明的女学生那里得到的第一个回答是，"露西，距今350万年。"接着我马上追问，我刚刚读到关于一个最近（1997）发现的420万年的南方古猿的著作，"我们这么悠久的历史，已经有多久了？"人们可以追溯露西的发现（唐纳德·约翰逊，1974）和最新的距今420万年的发现（1997），从而找到第二个问题的答案。从科学的角度，我们可以快速地推断出人类存在了多久。例如，我最喜欢的1929年版《大英百科全书》，列出150万年前的原始人类。今天，科学的测年技术认为人猿分界在700万年前——显然与6000—10000年前的"年轻的地球人"的非进化时代形成鲜明的对比。

像回忆录一样，我回忆起这些教学时刻，也回忆起20世纪50年代末在哈佛神学院举办的保罗·蒂利希（Paul Tillich）的神学讲座，以及他对"异质时代"（heterogenic time）的描述。异质，一个从医学病理学中借用的术语，在蒂利希的使用中表示一种"一体性"。从他的演讲中，可以同时经历"多层次"

的时间。我一直很喜欢这个概念，并且在本书的几章中采用了
"分层风格"。例如，在第四章关于科罗纳多 1541 年探访堪萨
斯州的描述中，其中的层次就包括科罗纳多时期，几个世纪后
我的德国农民、移民的祖先时期，以及我自己 20 世纪 40 年代
在单室乡村学校❶上学时的青年时代。堪萨斯州的时间层可以
追溯到由 20 世纪和 21 世纪的成像技术揭示的更早的迁徙期。

　　在奥茨的例子中，1991 年的发现大致遵循（但不能整齐地
划分为）三个时期——业余爱好者时期，这一时期开始得很
早，但很短，直到他被搬到因斯布鲁克一个更受保护的"实验
室式"环境（他的第一个"科学对象"环境），然后是我在标
题中提到的后来的发现和物质阐释学时期。我的叙述反映了这
些时间层次，尽管这些层次经常重叠混乱，并没有整齐地遵循
线性路径。

　　如前所述，1991 年 9 月 19 日，两名徒步旅行者在蒂罗尔州
阿尔卑斯山的高处发现奥茨，距今已有 30 年。徒步旅行者埃里
卡（Erika）和赫尔穆特·西蒙（Helmut Simon）在一个冰川融
化相对较新的地方发现了奥茨。几天后，也就是 9 月 23 日，木
乃伊尸体被取出来——使用了一台用于破碎冰块的压缩机驱动
的凿岩机，对木乃伊造成了一些损坏。这些徒步旅行者是经验
丰富的登山者，但不是考古学家或人类学家，他们站在奥茨被
发现阶段的前端。人类最初的科学好奇心确实导致了早期碳 -
14 测年技术的使用，并在 1991 年 12 月之前用 20 世纪的仪器确
定了奥茨的年龄为 5300 年前，这是在阿尔卑斯山发现的最古老

---

　　❶ 单室学校，有单间教室的学校，学生很少，多见于美国偏远地区，一般都
是小学。——译者注

的木乃伊。这个被科学时期所覆盖的业余爱好者时期的特点是猜测、困惑，常常伴随疯狂的理论和混乱。事实上，用旅游地图来确定他的位置，最初他被定位在奥地利。除了几个月后通过早期碳－14测年法确定年代，最开始对他的认知是含糊不清的。

首先，人们对奥茨的发现地点感到困惑。根据当地一家滑雪棚屋的地图，搜寻者们认为他是在奥地利被发现的。直到后来，一组更准确的地图显示，他的位置在意大利边境一侧。但他最初被安置在奥地利因斯布鲁克大学。如前所述，从冰中取出的木乃伊如果要防止变质，就需要高湿度冷藏——因斯布鲁克医学院就有这样的设备。直到1998年奥茨才被转移到意大利，现在有了一个固定的地点，被放置在蒂罗尔考古博物馆的一个有高湿度的制冷器的陈列室里。但这距他第一次被发现已经过去了七年。❶

早期，奥茨被发现的另一个时间异常与奥茨遗址相关的大量物品有关。徒步旅行的发现者确实注意到附近有很多物品，最重要的物品是一把铜斧（当时并没有立即认定它是纯铜的）。在第一次粗略地挖掘奥茨的过程中，在附近发现了一把铜斧，并将其与木乃伊一起带回了滑雪棚屋。直到1992年7月，由安德烈亚斯·利珀特（Andreas Lippert）领导的一个小组才进行了第二次遗址挖掘，从中发现了大约400件物品。在这位考古学家的监督下，挖掘发现了大多数物品，可以证明奥茨的生活方式。在奥茨的武器中，首先要注意的是两个物品——一把带灰

---

❶　关于湿度水平的争论持续了很长时间，直到奥茨被搬到意大利后才得以解决。

柄燧石刀和一把最初被当作手杖的东西。后来，手杖被证明是一张未完成的弓，还有一个箭袋，装有 14 支部分完成的箭，其中一些带有羽毛。多年后，人们在箭袋中发现了一根动物筋腱做的弓弦，这根弓弦隐藏在箭袋底部的一片皮革下面。其他物品包括成捆的绿枫叶、用皮绳绑着的蘑菇、布料和皮革，以及许多其他物品，当时考古学根据这些物品对奥茨的生活方式进行了许多分析。

关于奥茨的第一部著作受到了严厉的抨击。今天被称为基于"虚假新闻"而成的书的作者是维尔纳·诺斯科（Werner Nosko），他是一名摄影师，被否认曾经乘坐了提取木乃伊的直升机；还有迈克尔·海姆（Michael Heim），他是巴伐利亚电视台的记者和广播员。

他们的著作《奥茨伪造案：一个考古闹剧的剖析》（1993），部分基于早期奥茨研究中发现的生殖器缺失的推测。值得注意的是，当时或之后还没有进行正式的尸检，但到 2014 年，已经进行了 2120 次 X 光和 CT 扫描，而且不需要从奥茨身上提取标本，以免在提取过程中对木乃伊造成更大的损伤。[1]

海姆和诺斯科向观察奥茨的早期专家——考古学家康拉德·斯宾德勒（Konrad Spindler）寻求帮助，他是第一个观察和分析奥茨的专业科学家。斯宾德勒是因斯布鲁克大学考古学系主任。从他早期的观察来看，第一个与科学相关的说法来自那把不寻常的斧头——起初被误认为是青铜——斯宾德勒认为这种风格是新石器时代晚期的（事实证明，这把斧头是用 1000 年后才有的铜

---

[1] Werner Nosko and Michael Heim, *The Otztal Forgery：Anatomy of An archeological Farce*, Hamburg：Rowohlt, 1993. 需要注意：这位迈克尔·海姆不是美国的海姆，他是一位传播理论家。

和青铜冶炼的），并猜测奥茨可能有 4000 年的历史。他的猜测比后来的研究要接近正确时间得多，但不久之后，我们得到碳 – 14 测年技术给出的时间——5300 年前。其他人猜测奥茨只有几百年的历史，可能是几个世纪前才冻僵的滑雪者。幸运的是，这本"伪造"书的影响没有持续下去，因斯布鲁克的实验室环境帮助奥茨开启了作为"科学对象"的下一个异质性阶段或层次。

### 七、奥茨成为科学对象

以下内容包括 20 世纪解释科学的"实践转向"的视角转变。正如之前在许多资料中指出的，包括我自己的研究，20 世纪早期的科学哲学被实证主义和英国的"分析"风格的解释所主导。一场有时被称为"反实证主义"的反抗始于 20 世纪中叶，其中最著名的人物包括托马斯·库恩、保罗·费耶拉本德（Paul Feyerabend）和卡尔·波普尔。这一切都发生在英语国家。在欧洲，类似的变化正在发生，包括米歇尔·福柯（Michael Foucault）和与科学技术研究（STS）结合更紧密的卡伦 – 拉图尔（Clallon – Latour）"行动者网络理论"学派。总的来说，所有人都强调科学的历史社会维度，而不是将科学视为一个理论驱动的逻辑语言过程。总体而言，科学是一个更动态的变化过程，而不是早期的那种认为科学是价值自由的、普遍的、累积的和文化自由的——基本上是自由变化的。事实上，正如 20 世纪中叶的许多"科学战争"所表现的那样，更多的社会科学和当时占主导地位的科学哲学之间存在许多争论。❶ 如前所

---

❶ Joseph Swift, review of Latour and Woolgar's *Laboratory Life*, *Science*, 29 November, 2019, p. 1081.

述，在法国，STS 和与米歇尔·卡伦、布鲁诺·拉图尔的作品相关的"行动者网络理论"（ANT），至今仍是主流。拉图尔（法国社会学家）和史蒂夫·伍尔加（英国社会学家）出版了《实验室生活》（1979）。第一版有个副标题"科学事实的社会建构"。第二版（1986）去掉了"社会"一词。这本书与我的《技术与实践》于同一年（1979）出版，受到广泛讨论和辩论（后来才被更多地讨论）。《技术与实践》经常被视为第一本北美技术哲学著作，与《实验室生活》同时创作，比奥茨的发现早了 12 年，而奥茨的发现也已经有 30 年了。在当今快速变化的科学技术变革中，这是漫长的一段时间。❶

　　首先，让我们回到 20 世纪中期科学研究中的"实践转向"的动态时期。巧合的是，《科学》杂志于 2019 年 11 月 19 日发表了一篇关于《实验室生活》的回顾性评论，基本上是在"科学战争"平息之后。这篇评论揭示了所谓的"社会建构主义"对科学解释产生了多大的影响。当然，ANT 并不是"实践转向"的唯一竞争者。从英国方面来说，特别是特雷弗·平奇（Trevor Pinch）和哈利·柯林斯（Harry Collins）的作品中，他们自己将"社会建构主义"一词用于巴斯学派研究，其研究被称为"科学知识社会学"（SSK）——随着技术哲学的兴起（我的《技术与实践》也是出版于 1979 年年初），在 20 世纪 80年代出现了更多的人类学—社会学风格的女权主义者，如唐娜·哈拉维、伊夫林·福克斯－凯勒，我需要补充一位，丹麦的凯瑟琳·哈塞（Cathrine Hasse），她是欧洲女性物理学研究

---

❶ Joseph Swift, review of Latour and Woolgar's *Laboratory Life*, *Science*, 29 November, 2019, p. 1081.

先驱。再加上桑德拉·哈丁对科学史上的多元文化的认识。❶
让我们回到《实验室生活》，以下是评论家约瑟夫·斯威夫特
（Joseph Swift）说的一些话：

> 作者们对科学界的观点提出了质疑，科学界认为事实
> 就是科学家发现的事物的客观现实，而他们认为事实是由
> 科学家自己构建的工具。……自20世纪70年代以来，公
> 众对科学作为什么是事实、什么不是事实的仲裁者的信心
> 已经减弱，因为科学是一项开创性的工作，事实生成是一
> 种文化实验室生活，可以帮助读者理解科学在当今社会中
> 的模糊作用。❷

斯威夫特认为，将科学视为一种"文化"越来越受欢迎。
评论中关于《实验室生活》的另一个观察结果也值得注意。

> 在吉列明的实验室里（拉图尔作为人类学社会学家，
> 跟随了科学家的脚步），拉图尔注意到语言在揭示隐藏的
> 事实方面所起的决定性作用。他认为，不是实验本身，而
> 是科学家对实验结果的解释使现象成为现实。❸

或者，用我的话说，在这里，我们已经有了一个从科学内

---

❶ Evelyn Fox - Keller, *Making Sense of Life*, Cambridge: Harvard University Press, 2003.

❷ Joseph Swift, review of Latour and Woolgar's *Laboratory Life*, *Science*, 29 November, 2019, p. 1081.

❸ Joseph Swift, review of Latour and Woolgar's *Laboratory Life*, *Science*, 29 November, 2019, p. 1081.

部产生的阐释学实践。

现在，在《实验室生活》出版40年后，斯威夫特终于得出了结论，"鼓励科学家看到，对现实的描述和现实本身不是一回事"。❶

因此，斯威夫特认为，过去早期的"科学战争"是实践转向的局部胜利，我在此之后又补充了一些其他类似的迹象。例如，长期担任美国圣母大学主流科学哲学项目主席的埃尔南·麦克马伦（Ernan McMullen）发表了《科学的社会维度》（赖利中心，1992）。随后，罗纳德·吉尔的《科学透视主义》（芝加哥，2006）也是受到实践转向影响的早期出版物之一。长期以来，吉尔一直是历史和哲学中"实证主义"传统的领导者，他在《科学透视主义》中最充分地遵循了我所称的后现代透视主义。如果这个总结是有效的，那么很明显，"实践"转向后对科学的新解释现在占主导地位。现在，这也影响了奥茨成为一个科学对象。

一本早期追溯奥茨历史的书是布伦达·福勒（Brenda Fowler）的《冰人》（芝加哥大学出版社，2000）。❷她对奥茨的发现和第一次被转移到奥地利因斯布鲁克大学，然后于1998年被搬到意大利蒂罗尔博物馆的描述，表现出她特别敏感于不同的学术、政府官僚作风，以及独特的风格，这些总体上往往弱化了关于奥茨有关事实的发生。我从她对这些风格和行为的描述中学到了很多，这暗示了我对奥茨知识的三层解释：业余爱好

---

❶ Joseph Swift, review of Latour and Woolgar's *Laboratory Life*, *Science*, 29 November, 2019, p. 1081.

❷ Brenda Fowler, *Iceman*, Chicago：University of Chicago Press, 2011, pp. 440 – 442.

者的、实践科学性的和物质阐释学的。总而言之，幸运的是，从奥茨的发现到他在因斯布鲁克的第一个冷藏高湿度"实验室式冰箱"的业余爱好者时期又快又短。在此之前的大多数"知识"都是很少有专家参与其中的猜测（考古学家斯宾德勒除外，他根据新石器时代的斧头"猜测"奥茨可能有 4000 年的历史。当时，斯宾德勒还没有得知奥茨的斧头是纯铜的，也没有听说过早期碳 – 14 测年法［1991 年］发现奥茨的年龄是 5300 年前），但是，在因斯布鲁克之前，这么多早期的知识都是偶然的：凿岩机造成的木乃伊损伤；其在意大利/奥地利的位置错误；缺乏早期现场调查；弓在提取时断裂，延迟识别；这些都是在早期阶段。我自己对业余爱好者期，或业余水平的评价是，我们很幸运，奥茨最终安全地来到了因斯布鲁克。事实上，由于缺乏任何实际的尸检，以及从奥茨尸体上取下的样本数量极少（总共只有几克，很大程度上是出于保守的保存愿望）确实导致了由安德烈亚斯·利珀特在 1992 年领导的第二次遗址挖掘的必要性，此次挖掘确实提供了足够的物品来充实奥茨的生命——最终死于谋杀。

## 八、奥茨作为"科学对象"的总结

奥茨被转移到相对安全的高湿度冷柜中保存，第二次挖掘中收集的相关物品也被放置在因斯布鲁克，现在由专家看护，并使用高科技成像仪器进行更深入的检查，这对我关于物质阐释学的案例研究至关重要。成为一个被保护的实验室对象确实保护了奥茨，但正如新的科学研究表明的那样，这种"封闭"的背景也暗示着包含一套比以前标准更具"解释性"的实践的开始。这也是缓慢和不足过程的开始。这一举措还显示，新成像技术在奥茨研究的更广泛应用方面进展缓慢。1993 年，DNA 分析发现奥茨确实是奥萨尔山谷的居民。由于古代 DNA 的变质和早期的分析类型方案，早期的 DNA 测试很复杂。但最终表明，他的 DNA 提供的遗传信息，在该地区的许多同时代人中仍然可以找到，也可以追溯到更早的西西里岛和更远的古意大利遗址。但是更多的信息——与古典考古学 - 人类学分析有关——来自 1992 年利珀特团队的第二次遗址挖掘，这是对奥茨留在奥地利因斯布鲁克时的遗物的早期分析。一个新的突破来自克劳斯·奥格尔（Klaus Oeggle）大胆行动的新发现。在奥茨位于因斯布鲁克时期的晚期，奥格尔决定取出并分析奥茨的小小的结肠样本（这是 1996 年开始的，但一直等到 1998 年奥茨被搬到意大利的专用博物馆之后——当时还为此举办了一个开幕会议，克劳斯·奥格尔的报告才发表）。奥格尔的报告开始对奥茨的饮食习惯进行研究。后来，分析主要是通过先进的电子显微镜和质谱技术处理进行，这也是 20 世纪成像技术的一部分。所有这些发展都发生在奥茨在奥地利因斯布鲁克时期，现在回想起来，我发现这对我们今天掌握的对奥茨的最后认识几乎相差不大。直到他最后被搬到蒂罗尔博物馆这个专门为奥茨准备的地方之后，大量的成像技术——以及物质阐释学实践——才完全成形。

这并不是说 1991—1998 年因斯布鲁克没有产生新的严肃的知识，它已经超越了科学的"实践转向"重新解释的影响，正如前面所指出的，科学已经产生了影响。为了总结一下早期对奥茨的发现，我们需要首先看一下对他的身体和物品进行的更为传统的分析。对奥茨尸体的早期检查结果已经令人震惊：

- 奥茨不像其他众多木乃伊，他并没有受到冰川运动的影响，冰川运动经常会极大地破坏木乃伊遗骸。检查后会发现，很明显，他有一些不寻常的身体问题。

- 他有 11 根肋骨，而不是 12 根，一只脚有冻伤的迹象，还有其他一些长期的畸形，包括骨折的迹象。

- 关于奥茨的死亡年龄，一直争论不休——他的死因很晚才被发现——最终，人们确定他可能有 40～50 岁，对那个时代来说，已经相当长寿。（20 世纪初，美国的平均寿命只有 40～50 岁，与奥茨的寿命大致相同。）

- 最令人惊讶的是，分析显示他患有心脏病、动脉硬化、晚期关节炎和其他被认为只与现代生活有关的疾病。

- 对奥茨的身体检查也显示了许多文身痕迹，位于关节炎的痛点附近。这一发现引发了许多猜测，认为奥茨可能比中国更早地使用了针灸。这一猜测尚未得到证实。

由于没有尸检，1996 年收集的结肠样本极大地增加了对奥茨的认识。

当奥茨在 1998 年离开因斯布鲁克时，结肠样本显示，他可能最后一餐中吃了朱鹭肉（Ibis）、山羊肉、马鹿肉、艾恩科恩小麦（一种早期驯化的农业小麦）面包，还有木炭、一些树叶残余物和梅干。最关键的发现是花粉（这需要一个 5000 倍放大率的电子显微镜来识别）。这指向一种新的死亡线索，它从根本上改变了奥茨的故事。早期的死亡理论是由第一个观察奥茨的考古学家康拉德·斯宾德勒提出的，他曾认为奥茨是一名牧民，夏末在高山上放羊时突遭横祸死亡。后来发现这是错误的。

现在我们来看第二次现场挖掘的结果，发现了大约 400 件与奥茨相关的物品。我们已经注意到他的一些武器，灰柄的燧石刀；早期发现的铜斧，现在已知其材质是铜，而不是青铜；

还有在移出时被折断的、最初被认为是一根手杖，结果是一把尚未完成的长弓。经过后来的分析，发现了弓（29 年后才在箭筒底部发现当时没有发现的弓弦），14 支部分用紫杉雕成的箭，其中只有两支完工，但已折断。

奥茨尸体最初腰部以上是赤裸的，躺在一块巨石上，后来在第二次挖掘中发现了许多衣服。从剩下的碎片中复原的是皮革外套和草斗篷、绑腿、腰布、草鞋、熊皮帽（最后确定奥茨的服装元素有七种动物皮革，其中有野生的，也有家养的）。此外，这些物品还包括多个"工具包"：

- 皮带上的蘑菇纹；
- 熊皮帽；
- 一个带有火绒、真菌、燧石工具、鹿角尖等的生火工具包；
- 从衣服碎片中取出的各种布料和皮革。

约 400 件物品中有许多原来分散在各地，但后来出现在 5300 年后的冰川山顶上，这可能并不稀奇。

## 九、科学变化

在这里，我将回到对奥茨的科学解释的讨论——随着奥茨1991—1998 年在因斯布鲁克短暂停留之前和其间成为一个"科学对象"时，科学的解释也发生了变化。当我在奥地利研究奥茨的历史时，我很惊讶地重新认识到，1998 年之前，现代高科技成像仪器对奥茨的影响微乎其微。早期的碳 – 14 测年技术，确实让发现者因奥茨距今 5300 岁的年龄震惊，1996 年晚期的电子显微镜、CT 扫描和用于结肠样本分析的质谱技术成果于1998 年公布，以及在奥地利时期的 DNA 发现，都与早期科学的许多考古学和人类学见解一致。其中很多是辛德勒（Schindler）的发现，他似乎倾向于古典考古学。❶ 然而，直到奥茨被搬进专门为他建造的博物馆后，产生的大部分知识才来自新的成像仪器。我将在下一节介绍这一点。

在这里，我添加了一个经验之谈，这是从我多次访问欧洲以及当了 8 年主席，后来又当了院长后得出的：奥地利的学术群体生态和学院官僚风格是"日耳曼式的"。这种组织风格是等级化的，上层是一位或仅仅几位博士教授（Herr Doctor Professors），大部分下属在下层。这种群体生态的官僚风格与我最了解的美国高校制度有很大的不同。例如，在大多数美国高校院系里，几乎所有的教师都有望最终成为全职教授，因此，当我退休时，我所在的院系里几乎有一半的人都是全职教授——只要一个人发表并积累了可观的成果，就有希望完成从助教、副教授到全职教授的晋升。

在因斯布鲁克，考古学家康拉德·斯宾德勒位于他所在院系的最高层，他是传统主义者，鉴于传统，他长期主导着与奥茨有关的研究。他是第一次奥茨会议上的主导人物，是第一个猜测奥茨年龄的专业人士——根据铜斧猜测奥茨有 4000 年历史（仍认为是青铜斧头）——也是第一个猜测他死于夏末的人，等等。所有这些猜测都被证明是错误的，所有这些猜测都被成像仪器提供的证据证伪了。

但人们也必须从长期的，而且往往是更早的科学变化中来看这一点。前文已经提到 20 世纪中期发生的科学解释中的"实践转向"，而 20 世纪末对奥茨的发现已经产生良好的影响。更

---

❶ Amanda Lanser, *Otzi the Iceman*, Minneapolis：Abdo Publishing, 2015.

早以前，我们必须研究西方考古学－人类学的一些重大变化。很久以前，古文物研究者们就相信分析后现代主义的哲学家让－弗朗索瓦·利奥塔所说的元叙事（meta－narrative），利奥塔将一个长期的大型叙事称为元叙事，认为元叙事仍然是现代主义的特征。利奥塔在其著作《后现代状况：关于知识的报告》中认为，西方现代主义仍然存在一种印象，即欧洲中心主义的元叙事，其主题是"一切都来自东方"，巴比伦、埃及、罗马是起源文明，但不知何故，这种元叙事仍然普遍存在。

元叙事的一部分包括"扩散"（diffusion）理论，即工具和文化过程必须首先起源于东方（对于金属起源地而言，是巴比伦、埃及和爱琴海）。相反，一旦开始使用放射性测量法和更精确的放射性测年技术，考古学家就发现，铜和青铜实际上更早在巴尔干半岛和意大利南部冶炼。因此，"来自东方"的扩散主义作为一种理论消失了。[1] 我所称的后现代时代，导致了这样一种观念，即技术经常平行地出现在不止一个地方，而且肯定不是唯一来自东方的。利奥塔对此表示怀疑。辛德勒确实仔细检查了斧头，发现了一个连接铸造金属头部和手柄的设计缺口，他注意到这一特点更接近青铜时代的设计。然而，这两点都表明，辛德勒遵循的是传统的考古学科学。在第三阶段，物质阐释学时期，我将转向新仪器（主要是高科技成像仪器）以及解释其结果所需的实践。关于奥茨和他最终被搬到意大利后涉及的最后两点：首先，尽管 1996 年，在奥茨被移到意大利之前，古植物学家克劳斯·奥格尔在因斯布鲁克用电子显微镜的显微成像技术检验了他的关键结肠切片，但奥格尔直到奥茨

---

[1]  在 20 世纪获得更准确的冶炼数据后，扩散主义就消失了。

被搬到意大利后才公布他的研究结果。其次，在维尔纳·普莱泽（Werner Plazer）的建议下，奥茨被重新检查，尽管他被严重风干，但他"缺失的"生殖器完好无损，包括睾丸、龟头和阴茎，因此驳斥了他是埃及的伪造者的说法。

## 十、奥茨和物质阐释学

我注意到，奥茨在因斯布鲁克期间，在很大程度上成为一个"科学对象"——被放在保护性冷柜里，他的物品由科学专家收集和保管，诚然在他被移到意大利之前，他是"租借"的——我并不是唯一一个抱怨奥茨的分析进展缓慢的人。英国最负盛名的科学杂志《自然》也在 1995 年 1 月抱怨奥茨在奥地利时期的分析进展缓慢。[1] 如前所述，这一时期几乎没有使用最新的高科技成像技术仪器（碳 – 14 测年、DNA 鉴定，以及当时未发布的电子显微镜和其他用于分析结肠样本的成像技术），并且大多使用传统考古人类学手段来分析第二次挖掘的物品。当奥茨被搬到意大利博尔扎诺的新的专门博物馆后，高科技成像技术的应用进程加快了，我将在稍后的叙述中再次指出，这是第三时期，我的标题也称其为"物质阐释学"时期。

在我重述奥茨的历史时，我们首先必须认识到，从更传统的工具中介分析向成像技术的过渡不是一个清晰的划分问题，但它强调了两者的区别。很明显，一旦成像技术开始被使用，"什么是证据"以及"在这一转变中哪个更优越、更准确"都会发生显著变化。这不仅仅是从保守研究的因斯布鲁克到博尔扎诺的地址的转变。让叙述继续推进。1998 年，当我们离开因

---

[1] *Nature*, Vol 173, 19 January, 1995, p. 76.

斯布鲁克的奥茨时，有关他死亡的结论是，他很可能是夏末在高山上的原处死亡。但是，奥格尔最终通过结肠内容物产生的铁木树（hop hornbeam）花粉证据，再加上他发现这些树木只在 5 月才脱落花粉，很明显揭示出奥茨肯定是在春天死亡，而不是在秋天。然后，直到 2001 年，也就是奥茨 1991 年被发现整整 10 年后，保罗·戈斯特纳（Paul Gostner）通过一次新的技术扫描发现奥茨的背部有一个箭头，2007 年的技术扫描显示他的动脉已经被切断，因此得出结论，他因失血过多而死。2003 年早些时候，意大利科学家发现他的右手上有一个严重的伤口，后来的 DNA 分析显示，有三个不同的人留下血迹，不仅仅有奥茨的 DNA，因此，证明了存在一场打斗。不仅死亡的时间发生了变化，而且其死因——谋杀——也在后来再次通过成像技术提供的证据被披露。我注意到，在 2014 年之前，奥茨在科学环境中的整个过程，已经接受了 2120 次 X 光检测和 CT 扫描，这并不需要取出样本。同样与之相关的是，人们可能会注意到杀死奥茨的箭杆从未被找到，有人推测箭头是被故意拔出了，因为箭头在手工制作过程中的雕刻痕迹很可能会暴露凶手身份。简言之，我们现在对奥茨的了解不仅来得晚，而且是完全来自 20 世纪发明的成像技术产生的知识。一句话：这个证据显然取代了关于奥茨研究的传统思想所建立的大多数理论，人们开始看到这些仪器是可信的，它们不再像早期现代科学中伽利略的早期光学一样受到严重怀疑。❶ 具有讽刺意味的是，回顾性评论将对科学的不信任归咎于《实验室生活》出版前对科学消亡的态度。现在，对仪器技术的新的更大的信任与之形成对比。

---

❶ X 射线发现箭头后，注意到箭杆被移除了。

事实上，一旦在蒂罗尔对奥茨进行了全面研究，谁会怀疑我们今天对奥茨的了解比任何其他 5300 岁的木乃伊都要多呢？

成像技术的哪些特点可以促使人们从不信任转向更大的信任？

• 首先，更高的准确性。测年技术，例如碳－14 技术和其他测年程序，放射测量、热释光，以及大量相关的测年仪器，首次产生了更准确的日期，这些日期至少可以追溯到几千年前，也可以追溯到数百万甚至数十亿年前。以前的检测都无法达到这个范围。然后，一种产生强大结果的新方法也来自我所称的后现象学上的"工具变化"。例如，如果一个人使用可以校准的工具以标定一个范围较小的日期，那么结果肯定会比单个仪器读数更严格。这个过程现在经常被用于校准可疑的日期。那些关注技术发展的人也知道，更精细的分辨率一直是早期成像仪器的一个难题。早期的粗粒度，例如早期的光学或超声检查，通常可以遵循精细化的轨迹。伽利略的最终版望远镜只有 30 倍，结果证明这是他那个时代的玻璃的极限，产生了一种光学色差，而这种色差错觉是通过改用燧石玻璃透镜来克服的。今天超声波图的分辨率比以前要精细得多。今天的望远镜的射程远远超过了早期的现代天文学望远镜的射程。

• 一个不太明显但在科学上更重要的技术转变，是成像仪器向微米甚至纳米的转变。这有助于提高准确性。

• 在测年技术中，可以用碳－14 和其他相关的放射性测年技术来测量，这些方法在 20 世纪中期开始被使用。同样，DNA成像依赖于微处理过程来识别独特的 DNA 螺旋形状链，现在独特的识别成为可能了。

• 当代成像的另一个转变是多感官（multisensory）成像，

诚然，当代主要是视觉成像，但出现越来越多的多感官成像（见本章下文）。经典图像通常比直观的"可读"图像（如图表和图解）包含更多的数字和单词，起初是抽象的，但它更容易被感知，因此也更容易被解释。例如，1953 年发现的 DNA 双螺旋形状，很大程度上是由于沃森偷看了富兰克林的 X 射线色谱仪，通过感知的图像观察发现了双螺旋形状。

• 计算机化—数字化提供了在 20 世纪前所未有的两种新的图像能力——数据/图像的可逆性（在太空成像中，所拍摄的照片必须转换成无线电才能发送数据，反之亦然）和模型合成，如全球综合与模拟层析成像，这两种能力只有计算机才能实现（比如在天文学中使用发生频率的"切片"，或者在医学中制作三维复合材料）。

• 在随后的叙述中，我将更多地提及"我的案例"，其中包括一个副本库，包含在 CD 和 DVD 光盘上的我的大部分医学图像，通常是《医疗技术》（2019）中常用的第一人称案例。❶在纽约医院和高校医院，每个病人都有权获得一份放射学图像的复制件，我在牛津大学的一次演讲"我的案例"❷中作过报告。诚然，我自己的图像观察技术并不像一个拥有经验丰富、训练有素的专业放射科专家，而是业余的第一人称的观察。

• 从后现象学角度看，可以注意到的是，当代成像技术的风格也发生了微妙的变化——这对于物质阐释学来说非常重要。所展示的图像倾向于模式化，一种更格式塔式的图形，因此我

---

❶ Don Ihde, *Medical Technics*, Minneapolis：University of Minnesota Press, 2019；用于医学成像。

❷ 唐·伊德，2007 年在牛津大学"我的案例"的讲座，对手术中使用的成像技术的描述。

认为图像较少倾向于早期的现代概念，即自下而上的感官定性认识论（见下一节）。

### 十一、绕道：20 世纪的微观物理学和彼得·盖利森

大多数有科学文化历史和科学哲学背景的读者都同意，物理学和天体物理学长期以来一直是科学哲学出版物中的主导科学。我注意到，这其中包括最新的仪器。我还想说，科学史学家和科学哲学家彼得·盖利森是 20 世纪微观物理学的最重要的解释者。他在 1987 年发表的《实验如何结束》（芝加哥，1987）中已经承认，理论驱动的调查经常使用计数工具来收集证据。但微观物理学已经转向亚原子粒子，超越了 18 世纪德谟克利特和卢瑟福模型的早期原子观点，并开始与更多的视觉成像仪器相匹配，例如气泡室，其显示了现在相关粒子的亚原子轨迹。（显示亚原子粒子形成路径的气泡室仪器是由唐纳德·格拉泽［Donald Glaser］于 1953 年发明的，这是 20 世纪的另一项成像技术。）《实验如何结束》的主题问题是"中性电流"问题，盖利森声称以"挥之不去的影响"结束，但由两个"工具"传统同时证明，一个是理论家的计数传统，另一个是实验者成像技术的气泡室。盖利森后来的著作《图像与逻辑：微观物理学的物质文化》（芝加哥，1997）推进了他早期的见解，认为有两种，而不是单一的文化驱动微观物理学。以前的理论家只相信像盖革计数器这样的"逻辑"机器的多项发现，而图像学家则喜欢早期的气泡室成像仪，有时一个"啊哈"瞬间❶

---

❶ "啊哈"瞬间，也称啊哈时刻、顿悟时刻。最早由德国心理学家卡尔·布勒（Karl Bühler）提出，表示一种特殊的、愉悦的体验，会突然对之前不明朗的某个局面产生深入的认识。——译者注

就可能引发洞察力。

我认为，已经对科学和文化敏感的盖利森也表明，新的成像技术改变了微观物理学的新见解。这些成像技术，显然是物质的且是针对物质的，标志着科学实践的改变！在离开这个绕道的分析之前，我想再研究一下盖利森所主导的另一个项目，因为它是微观物理成像中最具革命性的项目之一，即事件视界项目（Event Horizon Project），该项目最终于2009年在哈佛的视界望远镜项目中诞生了黑洞图像。

这张照片——最终于2019年4月18日发布——可能是有史以来最复杂的大型科学成像技术的成果。一些估算表明，制作一张黑洞图像花费了6000万美元。广泛分布在世界各地的八个射电望远镜被计算机合成为一个"虚拟"望远镜——想象一下必须在一个无云的夜晚才能——瞄准宇宙中发现的最大的黑洞，即距离5500万光年的梅西耶黑洞，才能使成像成为可能。

2019年4月18日，美国国家科学基金会发布了这一消息（后来我收到一份来自盖利森的高分辨率的副本），全世界都对这个结果感到惊讶。20世纪初，另一个"眼见为实"的物体图像直到爱因斯坦之后才为人所知。

## 十二、为什么是物质阐释学?

我不能确定我是否已经说清了我的情况，但现在是时候得出结论了。在我看来，新的科学，实践转向，已经占据上风。科学不能再被视为一种毫无价值、普遍、无透视的现象。它是文化的、透视的、不断变化的，如果盖利森是正确的，也有一种基于物质和工具的文化。在本章中，我的观点表明，"阅读"

或解读图像技术的实践也是一种阐释学的实践。它的观察结果是感知的——我认为这是现象学上的感知——以及物质本身，通过成像"说话"。因此，物质阐释学给了事物一种"声音"。奥茨的铜斧"告诉"我们，它被冶炼、模制过，是他的物质工具包的一部分。他的肠道，用铁木树的花粉告诉我们他是什么时候死的。黑洞图像向我们展示了一个视界，而 X 射线晶体学图像"告诉"我们 DNA 是双重螺旋，而非三重。我们必须"信任"我们的工具，而不能作耶稣会的怀疑者（他们不信任光学技术工具）。它们可以"说话"，但前提是我们去"听"它们。奥茨事件揭示了这一 20 世纪末的科学事件，它完全不同于早期科学的元叙事。

### 十三、附言：奥茨是一个基于科学的阐释学存在

到目前为止，2021 年的奥茨很可能已经是世界上最著名的木乃伊了。一旦对早期错误进行了修正，我们就知道：

- 他穿的——腰布、草斗篷、熊皮帽、绑腿等。
- 他吃的——马鹿、朱鹭、铁木树花粉、梅干、小麦、木炭。
- 他在哪里生活和工作——在蒂罗尔州的阿尔卑斯山脉的村庄里，无论地势高低。
- 他的健康状况如何——骨折、文身、疾病，等等。
- 他是如何死亡的——箭、手和头部受伤，最终被冻僵——时间是 5300 年前的 5 月。
- 他的祖先是谁——无论是很久以前还是今天，都来自 DNA 的信息。
- 他的技能——来自他的工具、武器制造、工具包、药

品、生火工具等。

这大部分是通过高科技成像仪器得到的证据，同时它们也是科学的，但需要图像阐释学的解释实践。

# 第三章　盎格鲁－撒克逊人和维京人

## 一、盎格鲁－撒克逊人和维京人

　　继 5300 年前的奥茨冰人木乃伊之后，我将转向欧洲早期发生在英格兰的一系列事件，8—11 世纪，维京人对盎格鲁－撒克逊英格兰的入侵——从丹麦的鼎盛时期到征服者威廉（他本身就是一个二代"维京人"）自法国发起的第二次"维京人"入侵。从我们通常的主人公叙事来看，这似乎是早期的历史，但这是一段由凶猛的斯堪的纳维亚人（Scandinavians）统治的历史，他们的长船❶横跨西方世界，从北海一直到北美，再到远东，至少到达了俄罗斯和土耳其。

　　从物质阐释学的角度来看，我选择英格兰与以下事实有关：在 8 世纪，英格兰的精英阶层，包括神职人员和贵族，就已经识字。而来自一种有符文、石雕和土堆文化的维京入侵者，则相反（起初他们不识字，后来，情况才发生了变化）。我希望展示语言优势是如何控制早期叙事的，但也希望通过物质阐释学来展示这些随着时间的推移而发生的变化，其故事尚未完成。我将从维京人的航海技术、长船开始，并转向他们的渔业（这本身就是古老的行业），事实证明，维京人在接近入侵林迪斯

---

　　❶　Longships，维京长船，特指北欧海盗船。——译者注

法恩（Lindisfarne）的时候，结果却与英格兰纠缠在一起，这开启了故事的序幕。

## 二、长　船

长船的历史出奇地古老。丹麦的版本至少可以追溯到公元前500—前300年，但长船的全盛时期是在公元8—11世纪，最壮观的航行和征服发生在那时，包括对英格兰的早期袭击，以及前往北美、格陵兰岛、冰岛，甚至缅因州和纽芬兰的航行。

长船有很多种，主要是划行和航行，有13个甚至30多个划船凳和一个大的方形帆。斯内卡号（Snekka）是一艘受欢迎的战舰，它有20个长56英寸、宽8.2英寸的对称划艇长凳，因此它可以在不掉头的情况下倒转并朝任何方向前进。它也可以被覆盖起来隐藏身形，它轻便，有1米的吃水深度。因此，它可以搁浅，也可以在河流中航行，甚至可以水陆联运。（20世纪90年代，我是一名严谨的"水手"，从事欧洲和南太平洋航行的研究，出版了《技术与生活世界》。在多次前往斯堪的纳维亚的旅行中，我也体验了维京人的"太阳石"——在传说中提到的，它是斯堪的纳维亚维京人导航工具的一部分。这些是在挪威发现的偏光石，可以让航海者通过云层看到太阳。我用过这些石头，和斯堪的纳维亚航空公司的飞行员以及有经验的航海者讨论过——太阳石是有用的。）

维京人是靠长船入侵英格兰的。河流使维京人很容易渗透英格兰乡村的角落和缝隙，而对林迪斯法恩的臭名昭著的袭击为维京人征服盎格鲁－撒克逊领土开辟了道路，这导致丹麦人在8—11世纪统治着英格兰的大部分领土。

### 三、延绳钓

2012 年，我读了一本范式转换的著作《终有一死的海洋：航海时代的捕鱼》，作者是 W. 杰弗里·博尔斯特（W. Jeffrey Bolster）（哈佛大学出版社，2012），它首先讲述了中世纪末，在欧洲一侧的北大西洋是如何捕捞大鱼的，然后又讲述了 14—19 世纪，欧洲人——荷兰人、葡萄牙人、英国人、斯堪的纳维亚人穿越大西洋时的渔船是如何横渡北大西洋的，船流量如此之大，几乎令人难以置信。我将在这里集中讨论维京人在这个故事中的角色，因为它与这部分的物质阐释学最为契合。本章将通过改变我们对与食物（food）、水产和饮食（eating）有关的物质文化实践的理解，重新解读英格兰和维京人的整个故事。博尔斯特（Bolster）的故事展示了，直到 19 世纪，海洋是如何被认为是不朽的，或无限的，人无法耗尽它的鱼类资源。我们现在知道，海洋是"终有一死的、有限的"，其中的鱼类可能被捕捞穷尽。这就是我所提到的范式转变。博尔斯特深入研究了欧洲海洋文化的海鲜做法，指出欧洲沿海国家早在中世纪就以淡水鱼为主。有证据表明，直到大约 1000 年，西欧消费的大多数鱼类都是当地可获得的淡水物种，如梭子鱼、鲈鱼、梁鱼、嫩鱼、鳟鱼，以及溯河产卵和降海产卵的物种。溯河繁殖的物种，如鲑鱼、鲟鱼和鲨鱼，出生在淡水河流中，但会迁徙到海洋中（在欧洲，还有鳗鱼)❶。我对考古证据很感兴趣，我注意到洞穴绘画中缺乏海洋鱼图像。直到 8 世纪，根特（Ghent）才

---

❶ W. Jeffrey Bolster, *Mortal Sea*: *Fishing the Atlantic in the Age of Sail*, Cambridge: Harvard University Press, 2012, p. 25.

开始描绘软体动物。❶ 然后，描绘的是更容易捕捉的比目鱼，还有偏口鱼、鳐鱼等。❷ 当发明延绳钓的维京人出现时，真正的海洋捕鱼技术开始出现——他们与英格兰渔业贸易的繁荣有关。1000 多年前，过度活跃的鳕鱼捕捞活动开始出现，由 DNA 证据（早期成像证据）表明，至少 1000 年前，挪威渔民确实与英格兰有过鳕鱼贸易，他们开玩笑地建议维京人教英格兰人如何吃"炸鱼薯条"。❸ 事实证明，薯条是由比利时人引进的，而炸鱼是由葡萄牙人引进的，❹ 但无论如何，《终有一死的海洋：航海时代的捕鱼》表明，仅几个世纪，欧洲北大西洋的大型海洋鱼类都被捕捞尽了，包括大多数鳕鱼。直到最近，鳕鱼平均每次仅仅能捕捞 200 磅。从生物学上讲，只有较大的鱼类才是维持生物繁殖的重要食物。到了 15 世纪，渔民们开始穿越大西洋到乔治和新英格兰的河岸寻找他们曾在欧洲捕获的鱼。现在，让我们更仔细地看看这种捕鱼方式。博尔斯特指出，维京人捕获鳕鱼有一种独特的方式。首先，维京人有一个独特的食谱，他们称为"鳕鱼干"，是可以保存数月的咸鳕鱼。他们需要鱼以维持生存，所以他们更喜欢咸鳕鱼，这种咸鳕鱼出口到英格兰、奥克尼群岛和英国大部分近海岛屿已有 1000 多年的历史。这种贸易规模巨大且持久，咸鳕鱼是维京－英格兰贸易的主要商品。正如博尔斯特指出的那样，"即使在'北方人'成为

---

❶ W. Jeffrey Bolster, *Mortal Sea：Fishing the Atlantic in the Age of Sail*, Cambridge：Harvard University Press, 2012, p. 54.

❷ W. Jeffrey Bolster, *Mortal Sea：Fishing the Atlantic in the Age of Sail*, Cambridge：Harvard University Press, 2012, p. 55.

❸ Wikipedia, the free Encyclopedia, "Fish and Chips."

❹ W. Jeffrey Bolster, *Mortal Sea：Fishing the Atlantic in the Age of Sail*, Cambridge：Harvard University Press, 2012, p. 54.

诺曼底的'诺曼人'后，鳕鱼干曾是掠夺异教徒战士的首选配给，在中世纪，它也悄悄地进入了日常生活的菜单"。❶

在给出我对北大西洋捕鱼的评论之前，我需要对《终有一死的海洋：航海时代的捕鱼》在技术史上的影响做一些评论。首先，正如副标题所指的那样，在航海时代的大西洋捕捞行为，无论是过度捕捞造成欧洲北大西洋的毁灭，还是后来摧毁北美的捕捞行业，都发生在帆船时代和现代捕鱼技术之前，甚至在蒸汽时代之前。因此，海德格尔主义者关于生态学和现代主义的含义被证伪了。这似乎是多余的，但我已经在《技术与生活世界》中指出，许多原始民族在现代性来临之前就已经破坏了环境。❷

● 这就留下了物质阐释学观点——在英格兰关于早期维京人的历史中，英格兰人相对于维京人在语言文本叙述上存在隐性优势。也许到目前为止，大量的基督徒对入侵战争的消极反应仍然占主导地位。

### 四、林迪斯法恩

接下来，剧情开始了——北欧的维京人突袭林迪斯法恩修道院和主教所在地，以及语言叙事和物质阐释学论点之间的对比，这表明两种文化之间已经有非常紧密的渔业接触。基督教的欧洲海岸，特别是英格兰和法国的海岸，点缀着沿海、受潮汐影响的修道院和宗教场所。林迪斯法恩在 6 世纪被称为"林

---

❶ W. Jeffrey Bolster, *Mortal Sea: Fishing the Atlantic in the Age of Sail*, Cambridge: Harvard University Press, 2012, p. 54.

❷ Don Ihde, *Technology and the Lifeworld*, Bloomingdale: Indiana University Press, 1990, p. 197.

迪斯法恩圣岛"，它是一个潮汐岛。其名字"farne"可能来自古英语，与"蕨类植物"有关，在附近的岛屿上蕨类植物很常见。公元634年，爱尔兰修道士圣艾丹（St. Aidan）在此建立了修道院，后来，651年，主教圣比德（St. Bede）被安置于此。再后来，修道院里摆满了金银，对北欧维京人来说非常诱人。就像美国银行抢劫案的传奇人物威利·霍顿（Willie Horton）一样，当被问及为什么要抢劫银行时，他回答说："因为钱就在那里。"❶

到8世纪时，林迪斯法恩已经成为英格兰北部基督教福音传播的中心（圣卡斯伯特［St. Cuthbert］的圣名与这一成就有关）。这场长船突袭事件发生在793年6月8日。我引用了盎格鲁－撒克逊时代编年史上的两个条目：

> 今年，诺森比亚人（Northumbrians）的土地上出现了凶猛而不祥的迹象，可怜的人们浑身发抖；有强劲的旋风，闪电和火焰龙在空中飞舞，这些迹象之后是大饥荒，在这之后不久，同年的1月6日，上帝在林迪斯法恩的大教堂不幸被异教徒踩蹦摧毁了。❷

事实证明，这个日期是错误的——正确的日期出现在后来（也许对末日的描述比日期更错误?），但是，查理曼宫廷的学者阿尔金（Alcuin）用正确的日期写道：

---

❶ Killeen, Richard. *A Brief History of Ireland*, Galway: Running Press, 2012, p. 48.

❷ Wikipedia, the free Encyclopedia, "Lindisfarne".

> 英格兰从未出现过我们如今遭受的异教徒种族带来的
> 恐怖……异教徒在圣坛的周围倾倒圣徒的血，在神的殿堂
> 里践踏圣徒的身体，就像践踏街上的粪一样。

我不会对这些古代资料提出任何评论，除了向读者指出，如果没有补充资料，读者被语言—文本的叙述所淹没几乎无可厚非。我不否认维京海盗袭击事件导致的死亡，金银被盗。我也不否认这种战争行为是可怕的。毕竟，北欧人没有关于袭击的书面记录，他们并没有文字。

## 五、丹麦律法施行地区

在接下来的两个世纪里，维京人的袭击、战斗和入侵仍在继续。值得注意的是，在英格兰林迪斯法恩之后，北欧维京人开始向丹麦人屈服（也有许多斯堪的纳维亚人之间的对抗），正是丹麦法律体系形式最终在7—8世纪及以后的世纪统治了盎格鲁－撒克逊英格兰的15个郡，即丹麦律法施行地区。（我从许多研究材料开始，它们多来自历史材料，因此，参考文本中有很多名字。）拉格诺·洛德布鲁克（Ragnor Lodbrok）以维京人领袖的身份出现，那些盎格鲁－撒克逊人被命名为"大异教徒军队"，他们是异教徒入侵者；盎格鲁－撒克逊人包括埃塞克斯的国王埃瑟勒德（King Ethelred of Essex）、东安格利亚的埃德蒙（Edmund of East Anglia）和雷丁的阿尔弗雷德（Alfred of Reading）。许多战争故事是"人类科学"历史的标准。

## 六、法律概念

当谈到丹麦人内部制定的地方观念时，出现了不同的结果。简而言之，丹麦的法律概念往往比盎格鲁-撒克逊人的法律更开明、更能产生自由。其中一个是由丹麦引进的"索克曼"（Sokeman）标准。该标准的地位很大程度上来自丹麦军队，索克曼是英格兰一个特别"自由"的地区，因为索克曼的后裔丹麦军队的官兵已经在该地区定居，并引进了自己的社会制度。❶在丹麦，56%~60%的英格兰人被归类为索克曼，因此更多的是"自由人"。

## 七、集会(议会)

必须记住，维京人的这次短途旅行是在中世纪之前进行的，这一阶段在英格兰从 8 世纪一直持续到 11 世纪。这是一个国王交战、战斗激烈和整个欧洲处处烽火的时代。这是在林恩·怀特·朱尼尔（Lynn White Junior）的"中世纪技术革命"之前，在中世纪的大教堂和城堡建筑出现之前，在探险航行（不包括维京人）和新教改革之前。但是古老的"thing"传统，或主要说是日耳曼语系中的集会，是存在的。据我所知，从我自己的DNA 遗传来看，所有的日耳曼部落最初都是斯堪的纳维亚人，而"Thing"或集会，在语言学上反映在所有日耳曼语、古英语和斯堪的纳维亚语言中。"Thing"是一个治理的议会，有不同的形式，可以在英语、斯堪的纳维亚语、冰岛语、格陵兰语、

---

❶ Emma Day, "Sokemen and freemen in late Anglo-Saxon East Anglia in comparative context", 2011. www. repository. cam. ac. uk/handle/1810/239350.

古荷兰德语、弗里西亚语和低地国家找到。❶ 这些都是预备议会，是社会不同层次的法院，并成为几乎所有议会和民主风格的治理制度的基础。有趣的是，"Thing"在盎格鲁－撒克逊和丹麦的传统中都很常见，和索克曼一样，丹麦的版本往往比盎格鲁－撒克逊的变体版本更民主，更不独裁。❷

## 八、征服者威廉：一个二代维京人

正如博尔斯特在他的《终有一死的海洋：航海时代的捕鱼》中指出的那样，征服者威廉，曾经是挪威人，然后是诺曼人，是一个"二代维京人"。虽然在英格兰历史的背景下，诺曼人入侵稍晚，通常被认为是英格兰历史的不同篇章。我忍不住将其视为另一个类似行为轨迹中的入侵者/入侵变体。首先，按时间顺序排列，威廉的入侵仍然处于早期维京人入侵英格兰的阴影之下。

我所涵盖的时期只包括从林迪斯法恩（793年）一直到9世纪末。威廉在1066年的入侵，结果是灾难性的。我把他包括进来只是为了说明一个讽刺意味的文化观点：威廉入侵英格兰的结果之一反映在语言的变化上。延斯·奥托·杰斯佩森（Jens Otto Jespersen）（讽刺的是，他是丹麦著名学者，著有

---

❶ 英语维基百科词条的说法，普遍地存在于各种西方语言之中，如古英语的 ting，古日耳曼语的 tingan，德语的 Ding，丹麦语和挪威语的 ting。在这些语言中，最初的词义是 assembly（大会）。这种社会—政治上重要的 assembly（会议），客观上讲，是把社会－文化－政治上的重要事情集中起来讨论，本身就成为一个重要的 thing（事物），具有普遍性；从主体上讲，意味着单个的人组合起来，形成一个新的整体，这本身也成为一个重要的 thing（事物），具有普遍性。——译者注

❷ Emma Day, "Sokemen and freemen in late Anglo－Saxon East Anglia in comparative context", 2011. www. repository. cam. ac. uk/handle/1810/239350.

《英语的历史与结构》）指出，诺曼人入侵英格兰后，语言发生了巨大的变化。生肉的名称仍然是盎格鲁－撒克逊语（"牛肉"和"猪"），但熟肉变成了法语（"boeuf"和"porc"等）。我的评论是：实践造就了差异，放牧和进食是不同的。

### 九、基督教化的维京人

如果我没有指出从 753 年维京人入侵至 1066 年威廉入侵英格兰的时期，同时也是斯堪的纳维亚基督教化的时期，那就是我疏忽大意了。这种逆向活动发生在维京人识字的同时，这两种活动基本上都是和平的，是出于在 8—11 世纪英格兰和维京人国家之间获得贸易优势的愿望。因此，通过威廉的征服，维京人的大部分领土都是有文化的和信仰基督教的。这意味着早期维京人入侵时期盎格鲁－撒克逊人的识字的优势已经消失了。然而，通过增加物质阐释学可以获得什么仍然是可能的。

# 第四章　历史课：科罗纳多和基维拉

## 一、堪萨斯

我很困惑。我们这所简陋的单室学校的老师，顶多有一个大专学位，年薪 600 美元，但我也记得我们被教导说，我们最重要的殖民者是 1620 年在普利茅斯岩（Plymouth Rock）登陆的朝圣者。所以，曾让我 7 岁的心灵感到震惊的是，这是科罗纳多抵达堪萨斯 89 年后的事，科罗纳多是一名西班牙征服者，而不是英格兰清教徒。似乎在英格兰人出现之前，后殖民时代的北美大部分都是拉丁美洲人。这有点儿不对劲。第二重震撼稍后来临。1941 年 12 月 7 日，日本轰炸了珍珠港。这是科罗纳多渡过阿肯色河 400 年之后的仅仅几个月后，美国领土第一次被袭击。我早期的历史感知受到了双重震惊。我开始意识到历史是可塑的。

多年后，我才了解到"历史"是多么地具有流动性。现在，我退休了，住在曼哈顿上东区的一套公寓里。纽约是我最喜欢的城市，到处都是各族裔和各种肤色的人，我住的大楼里就有很多，犯罪率极低，金融和文化蓬勃发展，并不像过去的清教徒时期，而像早期荷兰人对移民和多民族文化的宽容时期。它更像是罗素·肖托（Russell Shorto）在《世界中心的岛屿》（2004）中描述的那个地方。事实证明，记录荷兰历史的数千份文件被保存在纽约最终的首府奥尔巴尼，而肖托使用了这些文件，并在书中表明，今天的纽约文化更容易让人联想到早期荷兰人对移民和多元文化的欣赏，而不是后来对宗教不宽容的清教徒般的态度。还有查尔斯·曼的《1491：哥伦布之前美洲的新启示》（2005），这是对哥伦布之前大量人口、文化和文明的调查。中西部的一个例子中包括1000年前俄亥俄河地区人口达1万或更多的证据，当时欧洲哥本哈根的人口几乎不到1000人。他后来的《1493：揭开哥伦布创造的世界》（2012），接着展示了哥伦布抵达后的瘟疫大灭绝（95%），以及与早期大量杀死病疾感染者来相比，大多数通过刀剑往来进行殖民的"胜利"是如何微不足道的。

但在这里，我想更具体地关注哥伦布作为"有文化的"殖民者所拥有的语言和叙事"优势"（他能够进行叙事）以及口述文化传统和不识字的原住民的局限性，然后用现在的物质阐释学研究来检验这种对比在今天是如何被改写的。科罗纳多的任务非常艰巨。队伍的核心包括一支由300名武装骑兵组成的小部队，1000名美洲原住民和其他仆人随从，1200匹骡马，以及供以后在上游会合的补给船。在狩猎过程中，他们有时会与美洲原住民一起狩猎牛（他们称为"毛发蓬松的牛"，见图4.1）。西班牙人正在寻找锡沃拉（Cibola），一个传说中的金银城市。如此庞大的队伍，行程缓慢，1541年6月1日离开墨西哥后，花了几个月的时间才到达堪萨斯。❶

---

❶ https：//www.kshs.org/kansapedia/Francisco－Vazquez－de－Coronado/17160；website of the Kansas Historical Society, p. 1.

图 4.1　毛发蓬松的牛

来源：图片由作者绘制。

　　到达后，他们没有找到任何黄金城市，相反，他们看到了堪萨斯的肥沃黑土和基维拉人，后来确认基维拉人与威奇托部落、波尼部落有联系，他们都很高（6 英尺 6 英寸，而西班牙人要矮得多，5 英尺 4 英寸），居住在村庄里的草屋中，每个村庄大约有 200 所房子。我的画是基于一位匿名艺术家的画，画的是平原上的美洲原住民"蜂巢状"草屋（见图 4.2），这些草屋位于被玉米包围的村庄中。每个家庭一个草屋，每个村庄约1000 人。当地人衣着稀少，经常文有文身。他们食物种类丰富，有水果、坚果、瓜类、浆果、根茎作物、玉米、豆类，也有猎物和牛肉(科罗纳多说他们吃生肉，但实际上肉是风干的，今天被称为"牛肉干"或"墨西哥肉干")。简而言之，基维拉人比征服者身材更高，饮食也更好，而且总体上比征服者更健壮。❶ 当然，马匹（基维拉人不认识）、子弹上膛的枪械、剑和盔甲（基维拉人也不认识）给当地居民留下了深刻的印象。科

---

　　❶　https：//www.kshs.org/kansapedia/Francisco – Vazquez – de – Coronado/17160；website of the Kansas Historical Society, p. 1.

罗纳多在寻找金银珠宝时，只找到了几件首领佩戴的铜吊坠。在1541年10月写给西班牙国王的报告中，科罗纳多描述了他漫长的、时常缺水的旅程，穿越美国南部（得克萨斯州和俄克拉荷马州）到达堪萨斯州。他描述了美洲原住民在无树的平原上、荒芜的草地上和无标记的土地上大量猎杀的牛："在穿越这些沙漠77天后，我到达了他们所谓的基维拉省。别人向我讲述的故事中的石头房子［显然，虽然很遥远，也许是那些普韦布拉居民的房子］，都是用稻草建造的。"❶ 科罗纳多继续说，"这个国家是我见过的生产西班牙所有产品的最好的国家，因为除了非常平坦的黑土地，溪流、泉水和河流灌溉良好，我还发现了像西班牙那样的李子、坚果、优质的甜葡萄和桑葚……"❷，基维拉人还种植玉米、瓜果、南瓜和根茎作物。

**图 4.2　玉米地里的蜂巢状草屋**

来源：图片由作者绘制。

---

❶ Coronado, "Report to the King of Spain, October 20, 1541." Archives of the West: https://www.pbs.org/kenburns/the − west/report − to − the − king − from − tiguex/, p. 1.

❷ Coronado, "Report to the King of Spain, October 20, 1541." Archives of the West: https://www.pbs.org/kenburns/the − west/report − to − the − king − from − tiguex/, p. 2.

请原谅我指出，几个世纪后，我自己的移民祖先，来自德国（但其他人来自斯堪的纳维亚、波兰和俄罗斯），是崇奉和平主义的德国再洗礼派的成员——我的两位祖父都为了逃离普鲁士征兵，在"一战"之前到达了这里，被几个世纪前科罗纳多发现的平坦的黑土地所吸引。大约一个世纪前，已在堪萨斯州定居的其他亲戚在堪萨斯州中部建立了古老的德国浸礼会派教堂。我清楚地记得，我童年时代每月一次的低地德语德国（platdeutsche German）礼拜中，那些留着胡子的"硫黄与火"的牧师。❶ 我9岁时被"拯救"，在一条小溪里受洗。

现在回到科罗纳多的时代，他确实提到了他在旅行中遇到的大量的口头语言。现在，我们知道在前哥伦布文化（不是基维拉）中成熟的15种不同的书写形式，包括奥尔梅克（Olmec）到玛雅的文字，有些相当复杂，都来自中美洲文化和南美洲文化。在殖民时期，北美洲的书写和后来在皮肤上作画的历史最早可追溯到1541年的平原地区，因此平原民族的任何"历史"，仍然仅限于口头故事，没有来自科罗纳多的基维拉的材料遗留下来。到目前为止，在平原地区，西班牙人确实保留了他们在探索科罗纳多时代上的语言优势。正如本章所示，科罗纳多（西班牙语）保留了叙事优势。他向西班牙的报告和他对旅行的描述与对原住民的谈话并不一致，部分原因可能是由于语言障碍，但也可能是由于西班牙人缺乏兴趣。较早的美洲北部土著文学作品，虽然可以追溯到1630—1940年，后来被收录在《剑桥美国文学和文化研究》（剑桥大学出版社，1996）中，但这些作

---

❶ 据传说，上帝将硫黄与火降在索多玛和蛾摩拉二域，使之化为灰烬。此处以孩子的视角，形容牧师带来的感觉。——译者注

品都来自已经接受过英语教育的美国土著作家。相反，为了"讲述"基维拉的故事，我们必须回到当代的、以工具为媒介的物质阐释学，对于平原地区的美洲原住民来说，这种应用研究仍然很少。

我们已经注意到征服者发现北美大多数部落的人都比入侵者高大很多，这让他们感到震惊。尽管科罗纳多对许多平原地区印第安人"茹毛饮血"的习惯发表评论，但事实上，他们吃的大多都是肉干。❶ 目前的认知表明，大多数北美部落的饮食均衡，优于欧洲。平原地区的长者指出，草原萝卜、包括许多浆果（李子、蓝莓、野生草莓、蔓越莓、牛浆果）在内的水果、土豆、南瓜和许多肉干（鹿肉、兔子、野鸡、草原鸡、水牛）都是通过有限的农业、狩猎和采集获得的。❷

然而，值得注意的是，到了科罗纳多时代，美国原住民还没有获得后来极大地改变了平原文化的马。马，来自西班牙家畜驯化的野马，是后来美洲原住民文化的一个重大变化。在科罗纳多时代，狗被当作拖车动物，并且经常被当作驮畜。

在这一点上，我的大部分故事都属于征服者所使用的标准语言 – 文本历史。除了给美洲原住民带来一些优势的人类体型、农业和饮食之外，当代成像技术和相关物质阐释学的应用几乎没有发挥直接作用，直到在后来的历史中（才发生变化）。还有一段负面的历史可以追溯：我们现在从曼恩和其他人那里了解到，美洲原住民被欧洲疾病夺去了生命。在一个稍早的例子

---

❶ Coronado, "Report to the King of Spain, October 20, 1541". Archives of the West：https：//www. pbs. org/kenburns/the – west/report – to – the – king – from – tiguex/, p. 1.

❷ 美洲原住民老人提供的食物报告。

中，科尔特斯（Cortez），一个相关的征服者，于1519年抵达墨西哥。到1521年，他已经征服了当时的阿兹特克文明。虽然他用刀剑杀死了数千人，但来自欧洲的疾病杀死的人口数量更多，墨西哥人口从征服者到来之前的5000万—6000万减少到300万。曼恩指出，这次阿兹特克人的失败是在哥伦布出现的29年之后，早在战争之前人口就减少了。❶ 原住民对天花、流感或麻疹没有免疫力，虽然北美的大多数死亡发生在17世纪，但南美洲在16世纪已经经历了致死的流行病。正如我们所见，基维拉人，还有后来的波尼部落和威奇托部落，是半狩猎采集－半耕种的农民。后来，在西班牙人引入马之后，他们又被更好战的阿帕奇人控制。阿帕奇人是平原上早期游牧的猎牛者之一，也是第一批拥有足够的马让整个村庄同时迁徙的美洲原住民，也是第一批制造足够大的马拉而不是狗拉的拖车的人群。

拖车是旅行中运送食物、便携式住房等物品的主要技术工具。这是一个简单的木制装置，有两根长棍子连接集装箱形状的木块，它们被狗或马拖在后面。北美原住民在被殖民前从未发明过车轮。与亚洲、埃及、巴比伦和大草原不同，那里战车比比皆是。考古证明，中美洲和南美洲部分地区，轮子只出现在玩具中。关于未发明大型轮式车辆的最普遍的理论与缺少大型家畜有关。今天，这种看法被证伪了。事实上，他们有美洲驼和羊驼——6000—7000年前，驼的亲属就在秘鲁和厄瓜多尔被驯养（比欧洲的马要早，现在估计在5000—6000年前，中东大草原上才驯养了马）。当然，比马小的驼和羊驼，被用作驮

---

❶ Charles Mann, 1491: *New Revelations of the Americas before Columbus*, New York: Knopf Publishers, 2005. Wikipedia review, 1491: New Revelations of America before Columbus. 这本书全面总结了当时与前哥伦布时代与美国有关的科学。

畜，而不是拉战车，在秘鲁也没有马车。例如，马在 16 世纪末才和西班牙人一起到来。尽管如此，平原部落的狗（见图 4.3）在殖民前曾与改造前较小的拖车一起被使用（被殖民后，许多技术，如火器和轮式技术，都通过贸易得到了改进）。最后，关于拖车（见图 4.4），尽管科罗纳多抱怨大草原上缺少树木，但 1941 年，我们的孩子们在一所单室乡村学校旁的小溪岸上荡秋千时，使用的那棵又长又有弹性的小柳树，能够制作成一根完美的秋千杆，它柔韧的枝条很容易编织成篮子状的提袋。

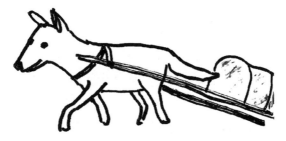

**图 4.3　狗拖车**

来源：图片由作者绘制。

**图 4.4　马拖车**

来源：图片由作者绘制。

## 二、成像技术和科学选择性

我对物质阐释学的想法与 20—21 世纪技术向微处理成像技术的转变密切相关，这改变了科学实践和证据生产方式。我在《扩展阐释学：科学中的视觉主义》（1998）中首先发展了物质阐释学的概念，尽管当时没有意识到这些技术将被证明是具有多么重要的革命性。我发现"后现代"或当代科学的实践，开始在最近的时间框架里发生。这些技术有助于提高在自然科学中进行解释或阐释学实践的必要性。我想把这些现在已经在当代科学中建立起来的实践，扩展到"人类科学"——尤其是考古学和人类学。不幸的是，只有那些科学界感兴趣的项目才有可能找到来自先进成像技术的早期支持和调查，才有可能成为完全可展示的例子。在某种程度上，这有助于形成本书中大多数章节考察的变体案例。许多其他的章节都属于已经确立的科学选择，例如，艺术实践、古代历史、音乐和后殖民冲突，它们有更多相关的例子。采用微处理的成像技术被广泛应用于人类迁徙模式的研究，特别是对于人类遗传学和地球科学变化的相关研究。

因此，我将采取一种更为曲折的路径，首先稍微间接地看看美洲前哥伦布时代科学和技术的一些独特方面。幸运的是，这条弯路很符合 2000 年"千禧年"初期美国科学出版界发生的一系列例子。我再次转向轶事：大多数读者会承认，《科学》杂志和《自然》杂志都是杰出的英文出版物，在千禧年之初，两者都决定就这一历史时刻发表一系列专栏文章。《科学》杂志以一系列名为"探索之路"的文章开篇，其第一篇社论详细介绍了所有以欧洲为中心的科学和技术发现的悠久历史。作为一个长期的读者和订阅者，我给该杂志编辑写了一封信，反对编辑和其他几个人的观点（2000 年 2 月 4 日）。该系列的编辑伊万·阿马托（Ivan Amato）亲切地说："在关于欧洲中心主义如何定义西方对过去（和未来）发现的科学和历史分析的信中，唐·伊德是正确的。"❶ 我曾指出，像活字印刷和机械时钟等发明是如何在一个半世纪前在亚洲发生的（韩国比古登堡早 154 年，中国则更早；中国也比西方更早开发了时钟）。玛雅历比儒略历法（Julian calendars）要准确得多。❷

　　与此同时，《自然》杂志在做千禧年系列文章时，该系列的编辑一直在关注《科学》系列。在我的欧美论战之后，我收到了《自然》杂志的约稿。我做到了，确实发表了两篇文章。第一篇是《为什么欧洲人不把玛雅日历放在自己的记事本中?》，于 2000 年 4 月 7 日发表在《自然》杂志上。第二篇《认识论引擎》，发表于 2000 年 7 月 6 日，后来被转载入我的《胡塞尔的缺失技术》（2015）中并被作为附录（第 135～137 页）。在玛雅历的例子中，我指出，这个日历，不像欧洲的儒略历，这一历法没有落后两周，因此需要进一步修正。在当时的玛雅模型日历中，实际上有一个模型曲柄系统（a model crank system），其周期超过 15 万年，比欧洲的要准确得多。简而言之，如果对科学技术发明在任何一段时间（1 万年、7000 年或 5000 年）的历史进行比较，那么发明的分布范围比欧洲中

❶　"Paths of Discovery", *Science*, 9 February, 2000. My letter to *Science*.

❷　Ivan Amato, *Science*, February 2000; Don Ihde, "Millennial Essay: "Why Don't Europeans Carry Mayan Calendars in their Filofaxes?", *Nature*, April 7, 2000. 第二篇论文: "Epistemology Engines", *Nature*, 6 July, 2000, subsequently reprinted in *Husserl's Missing Technologies*, New York: Fordham, 2015, pp. 135–137.

心历史所显示的要广泛得多。所以，关于与美洲有关的第二步，我现在简要介绍一下前哥伦比亚（pre – colombian）时期美洲文明的一些亮点：

● 金字塔：世界各地都有"金字塔"。如前所述，墨西哥的乔洛拉岛，虽然不像其他一些国家，如埃及那么古老，但仍然是世界上金字塔数量最多的国家。埃及、中国、苏美尔、努比亚、吴哥窟都有古老的金字塔，较古老的金字塔通常是"阶梯"金字塔，就像大多数美洲金字塔一样。

● 建筑和城市：两个美洲都有大型的美洲原住民城市，最大和最完整的规模是在南美洲、中美洲和墨西哥。北美中西部的土丘城市（moundcities）面积很大，人口多达 1 万。南美洲和中美洲城市通过贸易和商业道路系统连接，但如前所述，没有使用轮式交通工具。

● 艺术：美洲的艺术作品多样，有大型雕像、头像、风格众多的陶瓷和雕刻壁画。（我强烈推荐墨西哥城人类学博物馆［Mexico City Anthropology Museum］，据我估计，它是世界上最好的博物馆之一，在一个非常大的环境中展出了大多数文化时期和风格的展品。）

● 农业：美洲各地都有高度规划、经常抬高的河床，复杂的灌溉系统遍布整个美洲。豆类、土豆、南瓜和玉米的驯化——就像世界上其他谷物一样——起源于 9000 年前，也就是后冰期，它们与水稻、小麦、玉米以及欧洲中心主义和亚洲的农业一样古老。加上大量从新大陆进口的东西，它们改变了所有欧洲美食：意大利的西红柿；爱尔兰的土豆；玉米、南瓜、各种各样的新蔬菜和烟草，供应了整个欧洲。秘鲁和南美洲南部的一次灌溉尝试失败，原因是板块构造导致安第斯山脉地区快速上升，从而逆转了灌溉水流。

● 科学：天文学最初仅限于"眼球"记录物品，如书面记录。在某些情况下，标准化的观察设备，如日晷、石圈和石雕被广泛使用。数学经常得到良好发展，民间医学也很普及。美洲的科学与欧洲中心科学有很大的不同，部分原因是宇宙学和形而上学差异较大。

● 技术：我也研究了技术上的一些巨大差异。没有轮子，就有了拖车。但如果我们关注当时（then - contemporay）的观察者，他们有时就会表现出令人惊讶的差异。在海洋勘探中，我非常熟悉库克认为多船体设计相对于欧洲设计有优越性的看法。对于200英尺长的多船体船只，库克认识到其具有的更快的速度、不沉性和机动性的特点。同样地，弗吉尼亚州早期詹姆斯敦殖民地的约翰·史密斯（John Smith）质疑当时的共识，即炮口装弹枪优于箭术，"可怕的事实……是枪不能射到箭能飞到的地方"。❶

关于美洲何时开始有人居住，目前仍存在争议，有些人认为南美洲大约是距今2万年前就有人类活动（巴西可能是距今2.25万年前）。事实上，曾被认为是距今4万年的早期巴西人类的石屑证据，被证明是卷尾猴制造的，它们舔石头获取矿物质，石屑不是人造的工具。❷ 人类学家们的观点之间差异很大（许多北美人类学家固执地坚持克洛维斯文化时期是从距今1.2万年到20世纪末）。到了20世纪末，出现了人类船只到达的理

---

❶ Wikipedia，"1491：New Revelations of the Americas before Columbus"，August 14，2019，p. 3.

❷ "Capuchin Monkeys Knap Stones but Don't Get the Point"，*Smithsonian Magazine*，October 19，2016. Reports on stone licking after knapping.

论和新证据，包括工具、DNA 和加利福尼亚海岸附近新的水下地点和岛屿——所谓的"凯尔普之路"（Kelp Path）——得克萨斯州的巴特米尔克溪（Buttermilk Creek）陆上站点将到达时间提前至 1.55 万年前，南美洲蒙特韦尔德（Monte Verde）将到达时间推至 1.6 万年前以上，目前北美站点已基本接受2000—3000 年前的断点时间。❶

　　奥尔梅克人——古时的奥尔梅克文明已经被秘鲁的北奇科文明所超越，直到 1989 年才被发现，现在确定的时间是 5400年前——最近发现在南美洲已经获得了大约 3500 年前的第一个完整的文明，尽管这比埃及 4500 年以上的历史晚了。我注意到，这种曲折研究方法主要局限于大多数后现代成像技术之前使用的分析方法，即石器工具风格，以及使用了早期科学的考古学参考文献。

　　我已经注意到一些关于美洲居民的考古学和人类学记录风格的变化。如前所述，早期的描述是关于陆地移民的，都是在冰期之后，因此，"仅克洛维斯人"（clovis only）的论点尤其盛行于北美，该论点主张移民从西伯利亚以及亚洲其他地区穿过白令海峡，到今天被称为白令海峡的大片陆地。如今，由于冰期后的海洋上升，白令陆桥是俄罗斯和阿拉斯加之间的一系列海岛。

　　后来，在克洛维斯的阻碍倒塌后，最近在北美西北海岸的加州群岛近海发现，随着船只的迁徙，一段较长的迁徙历史转向了海岸上。到了 16 世纪和 17 世纪，早期的俄罗斯人认识到

---

❶　Charles Mann, 1491: *New Revelations of the Americas before Columbus*, New York: Knopf Publishers, 2005, p. 2. Wikipedia review, 1491: New Revelations of America before Columbus.

阿拉斯加地区的原住民有各种高度复杂的近海船只，包括灵活的破浪皮划艇，它们在非常汹涌的海面上非常容易操纵。随着越来越南端的西北部族增加了捕鲸船，甚至还有更大的捕鲸木船，此后的多用途船只种类繁多。尽管日本人使用船只的历史为2万年，但由于这种构造物不太可能完整保存下来，因此很难辨别这种模型的历史有多久。所有了解造船史的人都知道，最古老的船都是以木头和骨头为框架的，上面覆盖着兽皮和桦树皮（如皮划艇和独木舟），而且许多船都非常适合航海且便携。就当代技术而言，独木舟和皮划艇"可以比任何欧洲小船划得更快，也更灵活"。这些都可以在北美地区找到。（旧的、粗糙的框架和皮制容器可以作为古代的渡河工具，例如在古代美索不达米亚和埃及。独木舟，通常被认为是"原始的"，很难制造，事实上，它们是船只历史上的后来者。今天的多体船的速度可以达到50海里/小时，并打破了以前的所有航行纪录！）这一历史已经被改变，包括南美洲更古老的遗址证据，比如巴西2.2万年前的遗址、蒙特佛得角的1.6万年前的遗址，以及北美的1.5万年前的遗址。

### 三、末次冰期前的最大值？

所有这一切都缺少最新的、公认的、引起集中讨论的发现，这些发现提出了关于冰期之前可能引发的新问题。但是通过沿海航线版本，人们可以指望晚期现代仪器已经确定了确切的年代。

尽管下文可能有争议，但如果没有其他原因，仅仅因为其证据依赖当代成像技术，而这正是激发写作本书的当代成像技术，那么也就有必要研究一下末次冰期之前可能出现的最长的人类到达时间。

和前几节一样，我在这里从个人轶事开始：2017年夏天，我和妻子琳达第一次乘坐商业游轮从阿拉斯加的安克雷奇沿着美国和加拿大西北海岸的"内陆通道"到达加拿大温哥华。我们发现，阿拉斯加的大部分永久冻土层正在融化，其中一个后果是，大量的鲸鱼化石和猛犸象残骸正在浮出水面。当地的原住民正在把猛犸象象牙变成新的珠宝制品来做新生意——仍然是象牙，令我们惊讶的是，它并没有像今天的濒危动物（如大象）那样被禁止。我给琳达买了一条猛犸象象牙项链。我讲这个故事是因为今天这些很早之前就灭绝的动物在接下来的叙述中扮演着核心角色。事实上，当我回到圣地亚哥的遗址时，几个非常古老的遗址都有被屠杀的、已经灭绝的动物的证据——猛犸象、乳齿象，在某些地方还有巨大的地懒。

### 四、尾声：物质阐释学、成像技术和美洲人

正如我所指出的，关于我对科罗纳多的叙述，除了一些例外情况，与美洲人的移民这一特殊事件相关的微处理成像技术的直接证据很少。如前所述，这在很大程度上取决于"自然科学"如何决定部署其资源的历史品位和选择。所以，我再次将话题转向轶事和自传。我一直对考古学和人类学的"人类科学"有一种"第二激情"和兴趣（如果我们回到今天过时的狄尔泰鸿沟的话）。在我1964年的论文中，我第一次引用关于保罗·利科的"哲学人类学"的观点，这些观点都来自人类学家。我第一次在石溪大学时的新博士课程中与人类学家大卫·希克斯（David Hicks）共同教授"界面研讨会"（1971）——在文本上把利科的阐释学与克劳德·列维－斯特劳斯的结构人

类学作比较。现在，在回顾目前关于美洲人移居的讨论和辩论时，我再次发现，考古人类学中长期的、往往类似哲学的社会习惯，将被激烈的辩论所困扰，接下来我将指出这些辩论。

在这个过程中，我发现了两组实践，基本上是新的——20世纪和21世纪的——我认为，新的成像技术必然使自然科学更具解释性，而这些技术现在对人类科学的新形式产生了巨大影响，从而为当代的争论提供了新证据。这两组工具实践很大程度上源于对遗传学的兴趣，随着20世纪中期DNA的发现而出现。地球上的巨大变化，如海平面的上升，可以直接与美洲人的移居联系起来。所以，我在这里谈谈关于美洲人移居问题的最新争论。人类第一次来到美洲是什么时候（以及从哪里来的）？因此，需要测年技术和地球科学。那么，这些人又是谁呢？因此，需要遗传学。

这就开始了移民理论中各种气候变化的地球科学研究与移民者的遗传研究的交叉。我之前已经注意到更古老的移民理论的进展——仅克洛维斯人乘船抵达，这是现在对冰期前到达时间的最大推测。迁徙、地球变化和遗传三者是相互关联的。

● 最近，一种新的理论，一个非常长的年表，已经开始争论更早抵达的时间上的可能性——至少有2.5万至4万年的历史，依据是在加利福尼亚最近发现的一个可能距今13万年的乳齿象遗址。这些都是冰期之前的最大时间推测。我将在下面讨论这些问题。但首先，一些重要事件年表如下：

● 科学也有其变动的历史。直到20世纪，大多数人都认为地球是稳定的，而非动态的。阿尔弗雷德·魏格纳（Alfred Wegener）在1912年提出了"大陆漂移学说"（continental drive），并于1915年发表，引起很大震动。

- 他认为，古大陆曾是一个整体，后来分裂和分离开来；地壳深处的地壳板块不断移动。

- 就美洲的人类及其迁徙而言，埃里克·霍尔顿（Eric Holton）于 1937 年首次提出假说，"白令海峡"是俄罗斯和阿拉斯加－加拿大之间的一块临时陆地，于最后一次冰期的时间最大值存在（距今 1.1 万—1.9 万年）。现在人们认为它是早期西伯利亚印第安人祖先的家园。

- 随后，由于冰川的融化，"白令海峡"被不断上升的海平面淹没，成为俄罗斯和阿拉斯加－加拿大之间的白令海峡。

- 短年表理论——"仅克洛维斯人"——是最早的人类利用后冰期，经由陆路迁徙到美洲的时间记录。

- 2000—3000 年后的迁徙理论指出，北美已知的最古老的遗址是得克萨斯州的巴特米尔克溪（Buttermilk Creek），确定时间为 1.55 万年前。移民通过海洋和海岸到达，现在我们寻找从阿拉斯加到南美的水下遗址，可以将到达时间推迟到最后一次冰期结束，接近 1.9 万年前。但今天，一些人主张抵达时间更早，早于上次冰期推断的时间最大值。

1992 年，在圣地亚哥的一次筑路过程中，发现了最久远的遗址，这一地点至今仍备受争议。该遗址发现了乳齿象的骨头，这些骨头似乎是为了提取骨髓而被打碎的，还发现了锤子和铁砧等工具，这两种工具和技术都被早期现代人类使用。值得注意的是，自从 20 世纪中期发现黑猩猩、卷尾猴和其他灵长类动物使用的铁砧－锤石工具以来，我们现在也知道，我们的近亲也使用了这些工具。（早期的考古学－人类学方法利用"敏感于物质"的物品，如建筑和工具，但缺乏新的成像技术的更大的微精度焦点。相比之下，所有冰期前最大值理论都与微成像技术密切相关。）以之前引用的卷尾猴为例，加利福尼亚没有这样的灵长类动物；黑猩猩是非洲的；卷尾猴来自南美洲。这个加利福尼亚遗址的年代是通过当代的方法判定的，包括碳－14测年法（测定范围在大约5万年前，但现在增加热释光技术能测定更早的日期，到13万年前）。在这个地点发现了工具，但没有发现人类遗骸。

因此，从现在引用的例子来看，我们正处于20—21世纪的当代成像和微处理技术范围内，这些技术已经用于上述每种情况。现在我们来看看其他与2.5万—4万年前的迁徙地点有关的例子。在北美，距今2.5万年以上的遗址包括宾夕法尼亚州的旧克罗（Old Crow Flats）、育空（Yukon）和麦道克劳夫特岩棚（Meadowcroft Rock Shelter）。在旧克罗，在放射性碳测年法范围内发现可能由人类加工的猛犸骨骼，以及石片，时间范围是2.5万—4万年。在南美洲，2003年巴西的佩德拉·福拉达（Pedra Furada）的一处遗址证据表明，控火（controlled fire）发生在4万年前。❶ 有趣的是，大多数非常古老的南美洲遗址都与澳大利亚化石有关。❷

我推断，如果有非常古老的冰期前迁徙过程，就应该有——除非物种灭绝——原住种群的基因证据。同样，一个简短的轶事：在我早期的石溪大学时代，我的孩子们还在上小学，所以当三村学校宣布波利尼西亚－美拉尼西亚人的DNA出现在美国原住民的DNA中时，大学、布鲁克海文国家实验室和冷泉港的

---

❶ Niede Guefon, reported in *Nature*, 321, 1986, pp. 769 – 771. The fire remains at 49000 >32000 BP.

❷ "The Population History of Northeastern Siberia since the Stone Age", *Nature*, 570, 2019, pp. 179 –183.

科学文化显然持续更新了我们学区的最新发现，我很激动。事实证明，2015 年，科学和自然组织最近的一项研究已经开始发现，在阿留申群岛北部和巴西南部有澳大利亚人和美拉尼西亚人的微量 DNA，原住美国人拥有澳大利亚人的 DNA（仅 1% ~ 2%）。无论如何，地球的故事发生了变化，迁徙者的基因流变和迁徙次数仍然是一个尚未完成的过程。

如前所述，是 20 世纪给我们带来了地球有可塑性的想法。魏格纳所言的古大陆、地壳板块和白令大陆的最终走向都与人类迁徙和抵达理论的流动性有关，这些基本上都是 20 世纪工具辅助下得出的结论。我现在要回到帮助科学产生当代特征的微处理成像技术，这里对 20 世纪开始的地球科学和遗传学革命相关的仪器设备进行了分组。

虽然我已经注意到微处理成像技术的革命，已经被认为与人类迁徙有广泛联系，其中增加了与地球科学相关的成像技术，但很难将特定的技术与特定的案例相匹配。因此，在我接下来的总结中，我将采取一个更间接和概括的方法：

● DNA 于 1953 年首次被发现，但它的完整结构随着时间的推移而解体并容易降解。1984 年，对一具 150 年前的木乃伊进行了首次成功的 DNA 分析。如今，一些仅在不同程度方面取得成功的样本已为人所知，样本范围从 40 万年前到 150 万年前。但这只是从 2000 年开始的，即 21 世纪的特殊技术，并且都是微米尺度或纳米尺度的成像技术。

● 在人类迁徙的漫长历史中，人类进行了各种血型分析，包括单倍型、病毒和病毒抗体的鉴定。

● 有时假定的原住民和科学界之间的冲突——比如肯纳威克人的悠久历史，一度被认为是高加索血统的古美洲原住民

（他最终被确认不是白种人，因此被送回西北部原住民地区重新安置）——可能会阻碍分析。

● 同样，科学的最高成就之一也与测年技术有关。各种技术，如碳－14、热释光，以及许多其他技术，许多现在用于光学和发光现象的技术，都使用了当代成像技术。当两三种不同的技术以一种"现象学上的变化"的方式被使用，并且这些技术集中在一个单一的测年日期判定时，结果可以被认为是可靠的。

● 在地球科学中，有许多变体案例，例如可以通过灌木／树木花粉的分析证明冰川融化，通常可以使用扫描、隧道技术、电子显微镜或质谱学提供的离子分析等微处理技术进行（见第二章的例子）。

DNA和随后的微处理成像技术继续在人类迁徙的历史中发挥重要作用。

同样，在地球科学中使用的测年技术也发挥着重要作用。以美国原住民为例，这让人们认识到，那些短时间迁徙的人在遗传上主要是西伯亚人。DNA，还有语言因素、血型，甚至分子数据都显示了这一点。[1] 再者如乳齿象非常早期的冰期前的迁徙证据和澳大利亚原住民的 DNA 证据。但在这两种情况下，证据都来自于古代 DNA 成像工具的微处理过程。

最后，我注意到，大多数关于美洲移民的理论都是由考古学家和人类学家提出的，用现在已经过时的狄尔泰术语，即"人类科学家"，使用的证据大多是由产生自然科学阐释学实践

---

[1] "The Population History of Northeastern Siberia since the Stone Age", *Nature*, 570, 2019, pp. 179–183.

的微成像技术提供的。一旦被纳入考古学－人类学的"人类科学"的实践，怀疑、辩论、争论的习惯，尤其是对新发现的抵制再次出现，可能会重复之前提到的对"仅克洛维斯人"观点的长期抵制。

# 第五章　文明的崩溃：巴比伦和硅藻，
# 秘鲁和地壳板块，格陵兰岛和小冰期

## 一、文明的崩溃

如果考古学－人类学，按照过时的狄尔泰鸿沟划分，仍然是最"敏感于物质"的人类科学，以及体现在成像技术中的新的阐释学自然科学，那么本章将采用三个文明崩溃的景象来展示物质阐释学是如何有助于统一鸿沟的。

如果对人类社会进化有长期的共识，大多数人都同意旧石器时代以"狩猎－采集"群体特征为标志，这些群体是经常迁徙的。他们很早就发生了进化，并最终产生了"刀耕火种"，以种植－养殖为主的家庭原始农业，最终导致了城市化、等级化、农业化、定居化的文明，然后进入现代工业和今天的后工业世界。我的叙述主要遵循这一框架，侧重于当代 20 世纪和 21 世纪的成像技术，这里回顾了各种"文明的崩溃"，有助于突出"物质阐释学"。

## 二、巴比伦和硅藻

大多数叙事中，"文明"都被看作"历史"，根据狄尔泰鸿沟，历史主要由"人类科学家"通过文本讲述。因此，从学者们写的关于有影响力的"巴比伦陷落"的文本中可以看出，巴比伦的主要文明通常被设定在公元前 539 年（或 2558 年前❶），源于那波尼德斯国王（King Nabonidus）的统治。还要注意的是，这种解释传统与 1911 年的《百科全书》中大肆宣扬的殖民主义的顶峰相吻合。这并不是那个时代唯一的皇家文本（royal text）。早在 3219 年前，有文本记录显示，大麦（97%）几乎完全取代了巴比伦的灌溉作物小麦（不到 3%）——但是农民的报告、抄写员的文本，没有像高学历阶层的文本那样可以承载解释历史的重量（并非所有文本都被计算在内，牧师、将军和贵族比抄写员、农场报告的记录员等更重要）。然而，这些文本描述了早期的农业事实，即长期备受赞誉的灌溉系统设计拙劣，因此这些灌溉系统抵制了恢复水流的技术（如轮作、沥滤、改道）。在古代，这些都不足以改变主流叙事，或与更好的文明崩溃的叙述联系起来。

但到了 20 世纪中后期，充满科学化学知识的"现代农业"揭示了大麦在古代农业中取代小麦的一个原因是它在盐碱地（半咸水或盐水中产生的盐影响了土质）上的耐盐性更强。到了 2558 年前，盐污染普遍存在，巴比伦的农业生产力大幅下降。解释发生了转变，从国王转向了物质基础设施。❷ 那波尼德斯的确征服了巴比伦，但如果盐污染没有使巴比伦军队的军事基础设施减少，他会这样做吗？

因此，到了 20 世纪中后期，从多种现代科学研究中得出的大量研究成果开始出现，例如"模拟美索不达米亚南部盐碱化

---

❶ 本书写于 2019 年。——译者注
❷ 以往的解释常常关注以国王为主的叙事，物质阐释学转换了解释的视角，更加关注物质性的基础设施。——译者注

对灌溉农业的影响"。❶ 马克·阿尔塔维尔（Mark Altaweel）列举了从 1958 年开始强调盐碱化的跨学科方法的成果，这些方法开始削弱唯文本形式的关于巴比伦陷落的说法。在我自己的例子中，我发现日本的研究方法是"纯粹"的物质阐释学方法，根据盐碱化的确切时间开始研究楔形文字板中的植物和硅藻。

### 三、楔形文字板中的硅藻

2012 年我即将退休，一位年轻的日本考古学家在我执教的大学发表了一场演讲，在我看来，这是一个特别出乎意料的例子，说明了物质阐释学在理想的情况下是如何工作的。楔形文字板（见图 5.1）是展示古代巴比伦文字和文本的主要文物。如果事物，在这种情况下是楔形文字板，可以"说话"呢？这场演讲如此巧妙而出乎意料地融入了这一章。这些楔形文字板是由河泥制成的，从历史的观点来说是可定位和可数据化的，其表面是由最初柔软的、然后经过炙烤的黏土制作，其表面可用楔形笔进行书写。

到了 21 世纪，成像技术，包括精密的摄影和超敏显微镜已经很普遍。事实证明，一个由英国和日本科学家组成的团队意识到古巴比伦的灌溉方法导致了盐碱化，于是产生了一个聪明的想法，即楔形文字板可能正好包含了这一盐碱过程的证据。楔形文字板中含有微小的植物化石（植物遗骸）和不同种类的

---

❶ Mark Altaweel, "Simulating the effects of salinization on irrigation agriculture in southern Mesopotamia", *Models of Mesopotamian Landscapes*：*How Small – scale Processes Contributed to the Growth of Early Civilizations*, Oxford：Archaeopress, 2013, edited by T. J. Wilkenson, M. Gibson, J. Christiansen, and M. Widell, pp. 219 – 238. （利用计算机模拟绘制盐碱化地图，我将这些作为成像技术的合成版本。）

硅藻（微小的水生物的壳），它们在不同程度的咸水、污染和盐碱化的水中生存或繁衍。美索不达米亚水域有三种可识别的物种，尼沙帕拉（Nitshea Palea）、细纹黑藻（Stephanodiscus minutulus）和盘尾藻（Discostella），它们都生活在不同程度的咸水中。❶ 因此，通过将这些物种作为这一过程的代表，人们可以通过测年技术和显微镜"测量"盐碱化的速度。我认为这是一个物质阐释学实践的完美例子。

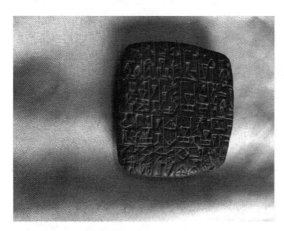

**图 5.1　楔形文字板**

来源：照片由琳达艾因霍恩－伊德拍摄，源于作者的私人收藏。

由于大英博物馆的强烈抵制，只有这个过程不会破坏这些楔形文字板，这个实验才被允许。❷ 硅藻种类的鉴定首先依赖

---

❶ Chicako Watanabi, Anke Marsh, Akihiro Tuji, Mark Altaweel, "Diatom Analysis of Cuneiform Tablets Housed in the British Museum", *Bulletin of the National Museum*, August 2014, pp. 101 – 106.

❷ 我之所以选择这项研究，是因为它捕捉到了硅藻可以作为盐污染的替代品的原始见解，尽管这项研究受到了文字板表面硅藻检查的限制。

普通的冶金显微镜，但由于分辨率过低，研究人员最终转向了
生物透明光学显微镜，然后是扫描电子显微镜（这两种纳米级
显微成像的例子在本书的其他地方都有描述）。因此，这些
"事物"可以告诉我们盐污染的速度和进展。❶它们说的比文本
说的更多。所以，叙述至少是丰富的，文明衰落的故事还有待
调整。

## 四、秘鲁的灌溉与地壳变化

南美洲文明经常发生变化，正如人们在墨西哥城人类学博
物馆精彩的一天中可以学到的那样，从北奇科、奥尔梅克、玛
雅、缪斯卡和印加的古老文化到分散的前殖民文化的演变过程，
（如第四章所示）大约有 13 种不同的书写形式，有大量的国王
和祭司统治的演变过程要重新讲述。但是，我再次转向与农业
实践相关的考古和物品的叙事。本书提及的灌溉现象在欧美主
流叙事的最前沿、更古老的古巴比伦时期以及几乎同时发生的
埃及的叙事中广为人知，基于灌溉系统研究也有可能出现一种
关于美洲的鲜为人知的叙述。❷我在这个主题的研究中发现，
与北美洲相关研究得到的支持相比，南美洲研究得到的支持较
少，与欧美主流叙事研究相比，更是如此。美洲最古老的灌溉
系统最晚于 1989 年由范德比尔特大学的人类学家汤姆·迪勒海
（Tom Dillehay）发现，这可能不是偶然的，他在秘鲁的安第斯
山麓发现了 5400 多年前的灌溉系统。❸

---

❶　后来的研究能够检查文字板的内部。

❷　Heather Whipps, "Peruvian Canals Most Ancient in New World", *Live Science*,
December 2005. 惠普斯提到了迪勒海 1989 年发现的最古老的安第斯灌溉挖掘区。

❸　Tom Dillehay, *The Settlement of the Americas*, New York：Basic Books, 2000.

该系统是拉丁美洲最古老的，是秘鲁安第斯山脉的几个灌溉系统之一。但直到 20 世纪 40 年代考古学家才发现，同一地区的大量相关灌溉系统属于美洲最古老的文明，即北奇科文明或卡尔文明，其历史可追溯到几乎与埃及金字塔一样古老的时代，尽管比美索不达米亚的苏美尔文明晚 1000 年！很多关于北奇科文明的说法都有争论——如前所述，考古学 - 人类学是出了名的好斗。（但我也很快开始怀疑，美洲实际上是一个"新世界"，因为它的起源，今天被碳 - 14 测年技术所证实，证明美洲的古代文明比后来的欧洲文明要古老得多。这种命名法是哥伦比亚殖民探索的一个特例。）

灌溉系统也相当古老。我已经提到了秘鲁最古老的灌溉系统，但后来在秘鲁陆续发现了许多其他的灌溉系统，大多数都是因为我们今天所认知的安第斯山脉的地壳快速上升而形成的，它逆转了重力流。在美洲的其他地方——厄瓜多尔，可能是巴西，位于中美洲和北美洲西南部（亚利桑那州图森附近拉斯卡普斯的查科峡谷；但年代仅为 3100—3200 年前，没有秘鲁那么悠久）也使用了灌溉，但不受地壳上升运动的影响。

最后，得出秘鲁灌溉系统变化的结论。由于板块构造是一个很晚近的发现，早期的农学家们不知道也可能不能知道的是，当他们在挖掘灌溉渠或沟渠时，他们挖掘的山峰正在上升，最终使他们想要浇灌农田的水流转向。具有讽刺意味的是，虽然这种逆转已经为人所知，秘鲁政府却启动了一项耗资巨大的现代工程，在上升的山脉中挖隧道灌溉新的干旱地区的农田，结果面临一个非常现代的问题：接受改道后灌溉水源的人正在争取只有利于大型企业农场的使用权（use - rights）。我们确实是在 21 世纪。[1]

## 五、附言：骆驼的联系

我之前注意到，美洲驼和羊驼，生物学上被鉴定为骆驼亚种，其驯化比马早 1000 年。进化生物学家认为，骆驼是早期骆驼种的后代。同样，最近的证据表明，骆驼的起源是在 4500 万年前的北美洲，大多数这样的发现都发生在 21 世纪。[2] 这些骆驼毛发旺盛，个头很大，比今天中东的双峰和单峰骆驼大近30%。骆驼化石在阿拉斯加和加拿大随处可见，一些证据表明，在冰期之前，骆驼是逆向迁徙的，穿过白令海峡进入亚洲，最终向南迁徙。直到 1 万至 1.2 万年前，骆驼和相关物种才开始灭绝，更多的化石证据——尽管缺少工具或人类遗骸——表明骆驼化石上有被人类屠宰的痕迹。这完全属于人类移民到美洲的范畴，同时它也解释了南美洲骆驼的起源。[3]

## 六、格陵兰岛的小冰期

我关于"文明的崩溃"的最后一个变体案例与我的其他两个案例研究并不对称，而且更加神秘和未知，尽管它仍然涉及一个物质的、陆上的、农业实践因素。格陵兰岛曾是一个繁荣的、以农业为主的定居点，被遗弃的村庄、房屋、教堂和谷仓等遗址证明了这一点。在三个世纪的气候变化期间，它可能由于人们返回挪威、冰岛和苏格兰北部的法罗群岛而消失了。与小冰期有关的文本、文学记录和气候变化的科学记录都不清楚。

---

[1]　Wikipedia, "The Little Ice Age", p. 3.

[2]　Wikipedia, "The Camelops".

[3]　Wikipedia, "The Camelops".

小冰期是一个寒冷的气候时期，大约在 10 世纪席卷了世界。欧洲则比格陵兰岛晚，到 18 世纪才出现冰期的影响。北欧海盗，或维京人，红发埃里克（Erik the Red）率领 25 艘船于公元 985 年抵达格陵兰岛，开始了殖民。从长远来看，殖民发生在公元 793 年，即第三章所述的维京时代的"开始"，袭击英格兰林迪斯法恩之后。

埃里克到达格陵兰岛是在气候史上"中世纪温暖时期"的末期，但到了 1250 年，已经进入小冰期，大西洋的浮冰几乎切断了航运，将格陵兰岛隔绝起来。❶ 与其他时期不同的是，这一时期没有关于维京人外出的传奇故事，书写记录也很欠缺（最后一份记录是 1408 年格陵兰岛的赫瓦西教堂的婚姻记录❷）。有人猜测，既然保存了大量的教堂记录，为什么挪威人因当时挪威基督教化而回归的书面记录很少？几个世纪以来，大约 5000 名维京人的回归缓慢而分散，并蔓延至挪威、冰岛和法罗群岛，使得记录难以确定。从农学的角度来看，很明显，随着气候变冷，生长期更短，农作物种植的可能性降低，而且由于挪威人引进了他们的传统家畜（绵羊、山羊、牛），喂养它们的草很快就供应不足，首先是动物，然后是人类饥荒。起初，维京人对抗着这一变化，并没有早早退出。

但在这里，我必须进入一个有趣的历史解释元素，一个更

---

❶ Jane Smiley, *The Greenlanders*, New York：Ivy Books, 1988. 一部关于维京人逃离格陵兰岛的通俗历史小说。1996 年，我第一次作题为"Whole Earth Measurements：How many phenomenologists does it take to detect a greenhouse effect"的讲座，后来以"Whole Earth Measurements"为名发表，*Philosophy Today*, Vol 41, No 1, Spring, 1997, pp. 128－134. 该文回顾了全球范围内气候变化测量的最新进展。

❷ 格陵兰岛的赫瓦西教堂记录。

古老的解释，部分是在历史小说中表述的。❶ 在简·斯迈利（Jane Smiley）的《格陵兰人》（1988）中，维京人被描述为固执的文化坚守者，拒绝放弃他们的欧洲农业习惯，拒绝适应因纽特人和其他以海豹、鱼类和大部分沿海食物为食的原住文化。然而，最近的研究结果显示，维京海盗与季节性海豹狩猎有广泛的联系（但有趣的是，几乎没有鱼骨或捕鱼的证据）。在这里，引入自1970年以来我40多次访问丹麦的个人观察：在其中一次旅行中，我和一位丹麦人类学家度过了一个漫长的夜晚，他在格陵兰岛进行了实地考察。他谈到了"基维亚克"（Kiviak）。这是一种由海雀幼崽发酵而成的菜肴。50多只包括完整的腿和喙的鸟，被密封在一个填满海豹脂肪的海豹皮中，然后埋在石头堆里至少三个月。最后，它们在冬天的特殊场合被食用。这是一种非常古老的做法。即使我有维京血统，我也不想尝试它。然而，它确实表明，当地的格陵兰人的饮食中包括海鸟，海鸟蛋也被作为食物。

维京人可能适应了也可能不适应这种做法。目前还不清楚维京人的饮食中是否包括基维亚克。但是，由于海鸟的骨头相较于海豹或海象的骨头得以保存的可能性要小得多，海鸟，当然也有海鸟蛋，会不会伴随季节性捕猎和已被证实的海豹一起成为北欧海盗的适应性食物？然而，即使挪威人部分地适应了一些土著食物，主要证据也表明，传统饮食和农业的失败是维京人离开格陵兰岛的主要动机因素。在大逃亡之前，人们应该注意到，维京人在挪威停留期间，也有大量成功出口到欧洲的物品。海豹皮、海象象牙和长须鲸的"假"独角兽角都成功地

---

❶　Jane Smiley, *The Greenlanders*, New York：Ivy Books, 1988.

从格陵兰岛出口到庞大的维京人贸易路线上。

## 七、小冰期和物质阐释学

虽然我已经完成关于"文明崩溃"的三个变体案例分析，它们都与较低水平的农业失败有关，但为了将这种解释与以精英主义为中心（国王、祭司和以文本为主导的历史的贵族主义为中心）的解释保持距离，我的主要兴趣仍然是开发一种赋予事物"声音"的物质阐释学，当这种解释被听到时，整个叙事都被改变了。然而，正如人们经常提到的那样，其中一个问题恰恰是科学的迟到——体现在新的成像技术中，这些技术尚未完全渗透我正在处理的案例。因此，在这里我需要讨论影响这一过程的科学。

## 八、21 世纪科学

第一，虽然我的美索不达米亚风格的例子是众所周知的，并且已经被讨论了几千年，但转向农业灌溉失败的视角是相对较新的，特别是使用微技术来测量盐碱化的时间和证据。在我的第二个灌溉系统的例子中，秘鲁与地壳运动，我注意到虽然金字塔时代的南美洲文明（20 世纪）的第一个证据可以追溯到1940 年，但第一个完全科学的出版物直到 21 世纪才开始出现。它们是露丝·沙迪（Ruth Shady）发表于 2001 年《科学》杂志和 2005 年《自然》杂志上的文章。❶ 第三，虽然"小冰期"自

---

❶ 露丝·沙迪是一位秘鲁考古学家和人类学家，1994 年深度参与了北奇科文明（Norte Chico Civilization）的发现，也可见于 Christopher Ohm Clement and Michael E. Mosley, "The Spring Fed Irrigation System of Carizal, Peru: A Case Study of the Hypothesis of Agrarian Collapse", *Journal of Field Archeology*, winter 1991, pp. 426 – 443.

古以来就已经为人所知，但物质阐释学的见解也大多是 21 世纪的。正如我将要讨论的那样，这在一定程度上与最近出现的气候科学有关，气候科学主要是一种 20—21 世纪的现象。

## 九、气候科学的特殊作用

在关于最近的后现代科学的评论中，需要强调的是，可以通过对气候变化的臭名昭著的"曲棍球棒曲线"（hockey stick）的描述来说明气候科学。每个人，无论是气候科学否认者还是接受者，都熟悉迈克尔·曼（Michael Mann）于 1998 年首次命名和描述温度快速上升的"曲棍球棒曲线"图表，于 2005 年 3 月在《科学美国人》杂志上报道。（请注意，我已经在《技术与生活世界》［1990］中宣布气候变化是技术哲学的"基础"。）❶ 如前所述，"全球测量"这一概念本身就相当新，它是证明气候变化所必需的技术。当然，今天，可以通过卫星观测、许多替代检查、广泛的海洋监测、风、温度和其他全球监测技术实现测量，气候科学是非常复杂的。我在本章变体案例中提出的所有主张中，全球测量技术显然扮演着重要角色。现在我想回到我在本章（和前几章）中讨论过的一些变体案例，来关注直接涉及物质阐释学含义的衍生物，并从 21 世纪发现的彻底的日期修订（redating）开始。

## 十、物质阐释学的衍生物

- 如果我回到科罗纳多一章（见第四章），就会出现两个

---

❶　Don Ihde, *Technology and the Lifeworld：From Garden to Earth*, Bloomington：Indiana University Press, 1990, pp. 192－218.

概念。我首先追踪了三种可能的迁徙模式——长期建立的"仅克洛维斯人"模式，最早于1.25万年前首次到达；取而代之的是一个可以达到2万—4万年前的较长的模式；今天，尽管仍有争议，但在圣地亚哥乳齿象骨骼和工具遗址发现的最古老的距今13万年前的冰期前模式。

- 如果我们增加一些有关秘鲁北奇科文明的古老性等同于埃及金字塔的新知识，那么"新世界"这个词似乎充其量是一个误称。如果当前的迁徙理论认为最早的农业文化是在4.5万年前出现在欧洲的，那么"新世界"可能至少比欧洲的希腊、罗马等"旧世界"更古老。

- 现在简单地说，我有两个公认的特殊兴趣："小冰期"显然包括欧洲，在某些情况下会持续到18世纪。还有一些众所周知的事件，例如1658年瑞典军队从瑞典越过冰封的大地带（Great Belt）袭击丹麦；1794年，法国军队通过结冰的河流和运河进攻荷兰；荷兰舰队完全被困在登赫尔德港；等等。

- 加上我最喜欢的艺术：布鲁盖尔在荷兰创作的滑冰画；还有英国、瑞士和其他国家的滑冰画。

考古学家大卫·怀特豪斯（David Whitehouse）推测，17世纪的斯特拉迪瓦里小提琴（以及其他来自克雷莫纳的小提琴），因其特殊的音调效果而受到青睐，这是由于冰期阿尔卑斯山生长的木材，其密度明显高于非冰期的木材（17世纪）。怀特豪斯的猜测是基于更古老的科学知识，尽管该猜测最后一次的出现是在2003年12月BBC科学新闻上。怀特豪斯是BBC的科学编辑。他指出，斯特拉迪瓦里出生于1644年，也就是蒙德最小值（Maunder Minimum）时期，在小冰期，太阳正处于活动和产出都下降的时期。然后，怀特豪斯引用了《树木软骨学》

（*Dendrochonologica*）杂志上的劳埃德·伯克尔（Lloyd Burckle）和亨利·梅耶（Mayer Henri）的话，指出这一时期的阿尔卑斯云杉的密度特别高，它们正是克雷莫纳小提琴制造商使用的木材。所以，这是与小提琴制作相关的物质阐释学的一个很好的例子，尽管这是 21 世纪科学（天文学）的推测。❶

## 十一、过去似序幕

本章的副主题是文明的衰落或失败。我的三个例子，两个是专门处理灌溉系统崩溃的，一个是在不利的气候条件下传统家庭食物来源的消亡，（不利的气候）开始在当今世界发挥重要作用。气候变化及其对农业文化的影响已经被认为是另一种全球现象——大规模的迁徙——的一个主要因素。而这些反过来又与人类移民的复杂崛起以及随之而来的民粹主义反移民政治复兴有关。

在美国特朗普政府的领导下，这一点发生了特别激烈的转变。众所周知，特朗普政府试图大幅减少移民，但这一政策有种族色彩尤其针对拉美裔，例如我这里的例子，包括危地马拉人。

政府反移民、反拉丁美洲人，并大力反对气候变化，甚至试图审查政府出版物中的所有气候变化语言，从而掩盖了导致大量危地马拉移民的主要刺激因素：饥饿。

中美洲的长期干旱，对危地马拉的影响尤甚，再次表明粮食供应不足如何在这一现象中发挥了重要作用。特朗普对移民

---

❶　David Whitehouse, "Stradivarius's Sound Due to the Sun", *BBC Science News*, December 17, 2003.

及其气候驱动政策的否定也不是唯一的文明威胁。继续以美国为例，气候变化已经对加利福尼亚州和美国西南部的广大灌溉系统构成威胁。

长期以来，城市大量用水者与农业用水者之间的斗争是众所周知的。随着火灾越来越频繁和广泛，2019 年以来的最近几年是有记录以来最严重的，前景似乎更加严峻。有人猜测，尽管移民外流明显很缓慢，但是挪威缺乏记录。正如我之前所指出的，气候科学开始得很晚，它在历史上的具体应用（包括小冰期）是显而易见的。

# 第六章 阅读维苏威文本和主要的技艺术：
## 马蒂斯和毕加索

### 一、阅读维苏威文本

有趣的是，我注意到自己的教育背景包括 1956—1959 年安多弗牛顿神学院的神学硕士经历。在这段研究中，我花了很多时间在《圣经》批评上，然后是 18 世纪和 19 世纪科学激发的"高等考证"（higher criticism）❶，它借鉴了口头传统、编辑分析、考古学和人类学，以及当时的新地球和地质科学，并被大多数主流新教神学所接受。从此种角度来看，《圣经》被视为早期文本、仪式、传说等的汇编，拒绝任何字面解释。此外，对宇宙年龄的科学解释认为，地球不再是一个 5700 岁的地球，而是数百万岁的地球；是牛顿的天文学，而不再是托勒密，甚至不再是哥白尼；进化论等被认为是对自然现象的正确解释。科学早已赢得了关于自然的战斗。现在是需要看看狄尔泰和他的"鸿沟"的时候了——现在他已经过时了。

如前所述，我后来通过芬克尔斯坦（Finkelstein）和西尔伯曼（Silberman）的《掀开〈圣经〉的面纱》（2001）重新审视

---

❶ 高等考证，指对文学作品，尤指对《圣经》的科学研究，有别于文本批评或低级批评。——译者注

了这些问题，目的是仔细审视它们对研究视角的彻底倒置。传统上，考古学和人类学倾向于遵循从《圣经》文本到考古学的路线。对他们来说，倒置是为了从当时的当代考古学引出《圣经》文本的形成过程，或者就像副标题所宣称的那样：考古学对古代以色列的新愿景及其神圣文本的起源。我很想知道，这种范式倒置是否改善了几十年前"高等考证"所表现出的东西。在接下来的叙述中，将揭示我学到的新东西。

今天，回顾过去，我认为芬克尔斯坦 - 西尔伯曼（Finkelstein - Silberman）倒置是经典考古学、前显微成像的一个好例子，或者是"人类科学"良好洞察力的一个缩影。但它仍然是一个更经典的考古学，因为它的物质性仍然是"眼球"下的物质性。《掀开〈圣经〉的面纱》的大部分研究工作都依赖于物质人工物，石碑、纪念碑、古城和其他古典考古材料，这被视为神圣文本和叙事的主要证据来源。从这个意义上说，该书预示了对后现代科学的更深入的批判。物质反过来提供了证据，证明以色列形成的关于《出埃及记》的叙事的情节不是从埃及逃亡开始的（埃及缺乏关于俘虏希伯来人的考古文物），而是由于后来被流放到巴比伦才开始的。作者认为，埃及的叙述是一种后来的表述，是来自以色列晚期的宗教核心思想家从以色列人在犹太地（Judea）的据点中推测出来的。从考古学上看，作者发现，古代以色列人大量使用来自曾经属于迦南的物品，表明他们很可能是迦南人的一个亚群（例如，他们不吃猪肉），在文化上与迦南人很接近。这确实与我在神学院时"高等考证"解释中不那么激进的传统形成了对比，但不是大幅度的。这意味着今天已知的《圣经》比想象的要晚得多，更可能是2700 年前而不是 3300 年前或更早，而且它与邻国（迦南、巴比伦、埃及）文化的关系比想象的更为密切，以色列是其他闪米特文化的一种变体。（例如，我们在 20 世纪 50 年代就已经知道，《创世纪》的创世故事与巴比伦的故事，比如与《吉尔伽美什》有多么接近。这些起源故事在形式、意图或证据上都是"不科学的"。）

## 二、庞贝古城、维苏威火山和文本的微量分析

公元 79 年（距今 1940 年❶）维苏威火山的爆发摧毁了庞贝和赫库兰尼姆（Herculaneum），这是罗马时代晚期一场巨大的灾难。

早在哲学家们开始改变苏珊·内曼（Susan Neiman）富有思想的著作《现代思想中的邪恶》（*Evil in Modern Thought*，2002）中所讨论的邪恶概念之前，它就为我提供了当代物质阐释学实践的第二个例子。这个"案例研究"更接近我的当代科学论文中的观点，由纳米显微成像技术在图像解释实践中提出，以重振人文和社会科学。我的案例是狭义的：它涉及从一个被严重烧焦，无法识别的书卷上"阅读"一段古老的文字，该书卷虽然在 1752 年重新被发现并被确认为朱利叶斯·凯撒（Julius Caesar）在赫库兰尼姆的家族图书馆的遗迹，但直到经过当代成像技术处理后才可读。

首先有一些背景：我想把我对物质阐释学的探索放在一个更关键的框架中。对于当前面临的从"狄尔泰鸿沟"到更后现代的物质阐释学的转变，我并不缺乏经验。因此，我在这里将考虑到当代学术和科学背景的一些次要特征。首先，我敏锐地

---

❶　该书写于 2019 年。——译者注

意识到，如果人文和社会科学会采纳我的测年实践建议，它会比今天耗资巨大得多！最简单的原因是，这可能产生使用显微成像技术的高昂费用。据估计，第一张使用复杂复合事件视界望远镜系统的黑洞图像可能耗资 6000 万美元！（这里描述的钻石光源远不及这个标准，但比中世纪的抄写员在办公桌上阅读要贵得多。）

而且，一个隐藏的限制（甚至在这本书中）也被隐藏，事实上我的每个关键例子都是最初"科学家对相关案例感兴趣"的结果。这些案例也有选择和品位的局限性，不一定是由"人类科学"的兴趣驱动的。但更重要的是，我要说明的是这些例子中的经济不平衡：

● 美国，也许是最发达的，也可能是最世俗的，也是迄今为止最"科学"的资金来源。例如，2019 年美国国家人文基金会的全部预算为 4200 万美元，国家科学基金会的教育和人力资源预算（包括 STEM 或科学、技术、工程和数学计划）为 8.72 亿美元——人们可以了解到这个差距范围。

● 然后，正如我不想详述的那样，许多教育管理者经常使用 STEM（科学、技术、工程和数学教育）相关的修辞来推动人文学科"数字化"，或者更糟的是，在研究型大学的科学背景下减少所有古典人文学科的经费。

● 人们必须意识到，我并不反对 STEM。事实上，早些时候，我和当时我们大学的校长约翰·马伯格（John Marburger）共同教授了一门类似 STEM 的课程，旨在让女性和少数族裔对 STEM 感兴趣。

现在，批评地看需要回到我的第二个例子：阅读维苏威群岛凯撒图书馆的卷轴。首先，需要注意的是，手稿或卷轴是特别合适的例子，它是一本讲述柏拉图学院历史的卷轴，也就是说，一本来自希腊哲学建立时期的世俗文本。另一位哲学家菲罗狄摩斯（Philodemus）的卷轴是一个"哲学史"文本。该卷轴之所以适合"科学选择"，是因为在西方主要的叙事中，科学被认为是从哲学中产生的。

其次，我注意到这个卷轴的外形非常糟糕，而且在很大程度上是不可读的。它因火山爆发被烧焦了，几乎是一个极其糟糕的烧焦的卷轴。其中一部分是较早时候被展开的，但随后它的几个展开的页面粘连，只有一面可读，其余的太易碎，无法被无损伤地展开。使文本可读的显微成像技术是一种强大的红外光谱同步加速器，它可以加速红外频率，使其接近光速，并通过对比莎草纸上的墨水图像来读取文字图像。我注意到，谷歌上的前两个消息提醒是 CNN（一个电视资源）和 NPR（国家公共广播电台）。CNN 的头条新闻一如既往地大肆宣传："科学家们希望用数字技术解开维苏威火山烧焦的卷轴，其亮度是太阳的 100 亿倍。"❶ 这将此种成像技术纳入了真正的 21 世纪成像领域，如前所述，它进入了量子尺度的纳米领域。

更谨慎的是，梅里特·肯尼迪（Merrit Kennedy）于 2019年 10 月 4 日发布的 NPR 公告宣布，"红外成像揭示了古希腊卷轴的隐藏内容"。❷

事实证明，CNN 的消息指的是肯塔基州的数字修复计划正

---

❶　Wikipedia, CNN. p. 4. https：//www.cnn.com/2019/10/05/us/herculaneum – scrollsscn – trnd/index.html.

❷　Wikipedia, NPR, p. 1. https：//www.npr.org/2019/10/04/767309531/ancient – greekscrolls – hidden – contents – revealed – through – infrared – imaging.

在扫描的仍然是卷起来的卷轴，❶ NPR 的消息指的是 1795 年完成的被展开的几页，页面粘连在一边，因此针对的是粘连页面的隐藏面的阅读。❷ 但在这两份报告中，只有 21 世纪的显微成像技术才能使阅读成为可能。从物质阐释学的角度来看，这两项任务都清楚地恢复了以前丢失或不可读的文本。因此，通过技术阐释学的过程，知识增加了。它的收获却很小，虽然有价值，但其革命性只体现在恢复之前隐藏的文本上。

## 三、大技艺术

现在我转向艺术史上一组更重要的事件。我的例子来自 20 世纪最重要的艺术家，亨利·马蒂斯（Henri Matisse，1869—1954）和巴勃罗·毕加索（Pablo Picasso，1881—1973）。两位都处于 20 世纪"现代艺术"爆炸式发展阶段，传统艺术转变为现代主义的、具有商业价值的形式，画廊系统最终成就了大型拍卖行。首先，注意与这两位艺术家的生活和生产相关的一些主要差异：

- 两人都受益于 20 世纪人类长寿的巨大转变。马蒂斯去世时，享年 85 岁；毕加索去世时，享年 92 岁。（与之形成鲜明对比的是，莫扎特 35 岁去世和贝多芬 56 岁去世，都是 18 世纪的正常寿命。18 世纪较短的寿命和 20 世纪较长的寿命在相对时期内都是"正常的"。）

- 马蒂斯和毕加索，与传说中的"饥寒交迫、贫穷的艺术家"形成鲜明对比，他们的生产力都很高，去世的时候也非常

---

❶ Wikipedia, CNN. p. 4. https：//www. cnn. com/2019/10/05/us/herculaneum – scrollsscn – trnd/index. html.

❷ Wikipedia, NPR, p. 1. https：// www. npr. org/2019/10/04/767309531/ancient – greekscrolls – hidden – contents – revealed – through – infrared – imaging.

富有。毕加索去世时的遗产，据保守估计为 11 亿美元。在他漫长的一生中，他创作了 7 万多件艺术品，留下了 11 处"别墅大小"的房产（基本上塞满了他的艺术作品）。今天，他的作品保持了有史以来拍卖最高的纪录。马蒂斯（我找不到他最后遗产的数据）在他去世前一年，84 岁的他通过各种渠道捐赠了 1400 万美元的艺术品。他时常生病，尽管失去了行动力，他还是工作到了最后。在他年老的时候，他的剪贴画举世闻名。

• 两人都是实验者，多次改变了艺术风格。马蒂斯在他的艺术生活中，主要因为被称为一个杰出的"色彩师"而闻名，他从传统的静物画开始，而后是风景画、肖像画，然后醉心于野兽派（一种着色风格）和印象派，到了晚年，他还有独特的剪贴画。而毕加索则更加极端——他的"蓝色"和"粉色"时期是众所周知的，但后来他的作品也涉及了一些立体主义的变体、超现实主义、印象主义和后印象主义。（我的关注与他们隐含的"现象学变化"有关，比如绘画和雕塑中对颜色和形状的非常规变化。）

• 此外，就我个人而言，我对毕加索身边不断变换女性的骇人听闻的历史非常着迷，我注意到他的许多艺术风格的变化都与女性有关，尽管多拉·马尔（Dora Maar）在我之前就有这种见解。根据毕加索的私人评论家约翰·理查森（John Richardson）的说法，"多拉·马尔有一个关于毕加索生活变化的理论。根据多拉的说法，当他的女人改变时，其他一切都改变了：最重要的桂冠诗人、朋友圈、房子、宠物、工作性质都改变了"。❶ 这与我多年来所看到的许多与他的各种女性有关的展览

---

❶ John Richardson on Picasso's "uncontrollable" sex drive, quoted by Matt Pressman in *Vanity Fair*, 2011, No. 4. https://scienceforart.northwestern.edu/fieldnotes - events/articles/2010/art - and - science.html.

相符，其中，在 2019 年纽约市的"毕加索的女性：从费尔南德到杰奎琳"展览中达到高潮。❶

● 马蒂斯被认为是毕加索在 20 世纪的主要对手，但他的生活更加艰难：饱受疾病折磨，一段艰难的婚姻在 41 年后以离婚告终；他曾有许多黑暗时期，但后来成为 20 世纪早期艺术的两大巨人之一。

现在，回到物质阐释学的问题上，我的案例研究都涉及高成像技术与马蒂斯和毕加索的作品。与阅读的例子非常相似，在这些情况下，成像技术被用来分析重要画作的历史，揭示这些画作是如何经常经历反复地翻新或变化的。

## 四、马蒂斯：《沐浴者》画作的两种变体

几年前，位于纽约的大都会艺术博物馆举办了一场大型的马蒂斯作品回顾展。所有马蒂斯的追随者都知道，随着时间的推移，他创作了很多幅名为《沐浴者》的画作。我在这里的案例研究将涉及两幅这样的画作及其图像分析。（在第一种情况下，我希望读者能够听一听我出席此次展览观察到的情况，以及基于这些情况进行的轶事式的记忆体验报告。我将要研究的是马蒂斯的《沐浴者》画作之一，它在 30 年的时间里经历了七次修改，图像将有助于揭示这些修改历史。）

这幅画是典型的马蒂斯风格，大而多彩。通过一系列当代成像技术的检查，包括 X 射线成像、显微镜和特写，可以显示各种层次的修改。这些技术类似于维苏威卷轴分析所使用的红

---

❶ *Picasso's Women：Fernande to Jacqueline Art Exhibit*，Gagosian Art Gallery，New York，2019.

外成像技术。而且低水平阴影光学摄影有助于辨别层次，所有这些都有助于在特定时间（特定状态）对画作进行更标准的摄影成像。

　　第二个例子是马蒂斯的《河边沐浴者》（*Bathers by a River*，1910—1913），它更详细地展现了对颜色的特殊使用。艾米丽·艾什福德（Emily Ayshford）在美国西北大学和芝加哥艺术学院艺术科学研究中心的《艺术与科学》杂志上报道了这一过程。❶这幅画最初受托于一位俄罗斯买家，但最终没有被购买，它是用黑白摄影技术拍摄的，这也是颜色分析的原始来源资料。来自西北部热爱艺术的科学家团队，长期以来一直使用计算机和算法程序对迪士尼电影进行"着色"，他们最终将所学应用于马蒂斯彩色绘画。❷经过三年的尝试，最终获得了令人满意的彩色效果，我认为，这一努力是值得的。事实证明，这个过程揭示了马蒂斯以大气灰度色调开始，逐渐增加了粉色和绿松石的色调，赋予它生命，但保留了潜在的灰色氛围。❸因此，物质阐释学的图像分析有助于理解这幅画是如何以及为什么如此有影响力的。

## 五、毕加索，曼哈顿现代艺术博物馆，《镜前少女》

　　我上一次参观曼哈顿现代艺术博物馆（MoMA）的毕加索

---

❶　Emily Ayshford, *Art and Science*：Center for Scientific Studies in Arts：A collaboration between Northwestern University and the Art Institute of Chicago，2010，p. 1.

❷　https：//MOMA. org. MoMA inside out and Picasso's "Girl before a Mirror"，by Anne Umland（MoMA，2012）.也可见于 *Picasso's Women*：*Fernande to Jacqueline Art Exhibit*，Gagosian Art Gallery，New York，2019.

❸　https：//MOMA. org. MoMA inside out and Picasso's "Girl before a Mirror"，by Anne Umland（MoMA，2012）.也可见于 *Picasso's Women*：*Fernande to Jacqueline Art Exhibit*，Gagosian Art Gallery，New York，2019.

展览时，看到了一幅类似于大都会艺术博物馆的马蒂斯的画作，对其修改次数进行了详尽的分析，我在此不提这个例子。

《镜前少女》完成于 1932 年 3 月 14 日，是为在巴黎乔治·佩蒂画廊举行的毕加索大型回顾展准备的一系列画作的一部分。模特或主题是他当时 17 岁的秘密情妇，玛丽-特蕾莎·沃尔特（Marie-Therese Walter），毕加索的众多情人之一。❶《镜前少女》是他众多的女性绘画之一，也是镜前绘画。安妮·乌姆兰（Anne Umland），现代艺术博物馆绘画和雕塑部高级策展人，对科学和艺术特别感兴趣，在现代艺术博物馆系列丛书（2012）中写了一本小书，❷ 这成为我的引用来源之一。

可以看出，X 光底图比最终的作品更具"自然主义"色彩。它显示了女孩的臀部、单张脸，等等。值得注意的是，镜子是一种不同于普通镜子的倾斜装置，增强了女孩和镜像的多视角视图，这是不寻常的。毕加索自己说："我总是寻求观察自然，我坚持一种相似之处，坚持一种比真实更深刻的相似之处……"❸ 并再次重申，"这里没有抽象的艺术。你必须总是从一些事开始。"❹ 而且，毕加索总是注意到他的同时代"对手"马蒂斯。众所周知，他研究过马蒂斯的各种裸体"肖像"，尤其是站在镜子前的一个作品（巴尔的摩的科恩收藏）。毕加索

---

❶ https：//MOMA. org. MoMA inside out and Picasso's "Girl before a Mirror"，by Anne Umland（MoMA，2012）. 也可见于 *Picasso's Women：Fernande to Jacqueline Art Exhibit*，Gagosian Art Gallery，New York，2019.

❷ MoMA inside out and Picasso's "Girl before a Mirror"，by Anne Umland，MoMA，2012，p. 15.

❸ MoMA inside out and Picasso's "Girl before a Mirror"，by Anne Umland，MoMA，2012，p. 30.

❹ MoMA inside out and Picasso's "Girl before a Mirror"，by Anne Umland，MoMA，2012，p. 36.

画作的最终版本是一种"立体主义"，从多角度视图观察镜前少女，两张脸（年轻的和年老的），光线明亮，可以辨认出是玛丽·沃尔特，但与底画明显不同。

## 六、哲学的旅行，生活世界和科学世界

当我想到这个例子时，我确实觉得毕加索在他的观点中隐含着"胡塞尔式的"和古典的"现象学"痕迹。毕加索从一个"自然整体"开始，在埃德蒙德·胡塞尔的生活世界中，在将事物变得更抽象之前，事物是一个完全的、完整的感官事物。这是从早期的 X 光照射图层下的女孩到更"立体主义"或抽象的最终女孩形象的变化。在我看来，这也让人想起胡塞尔的《几何起源》（*Origin of Geometry*，1962），它追溯了尼罗河洪水后实际田地的测量结果，将边界标记为更多"几何"形状，以定义田地的"抽象"形状。

这反过来又让人想起了科学哲学家威尔弗雷德·塞勒斯（Wilfred Sellers）和胡塞尔之间早年的论争。两人都试图对知识是如何发生的进行全面的描述，胡塞尔主张从具体感知的（在我看来，就是物质）事物中进行上述经验性的转移；塞勒斯寻求从"抽象"到具体的几何推导。每个人都选择了不同的优先视角。我自己的后现象学观点是，把每一种都看作对知识形式的不同的视角变化。这反映在我的毕加索画作的例子和对自动驾驶汽车的期望之间的对比，这是一些最初看似奇怪的并列。

## 七、一个德赖弗斯的绕道

1960 年，休伯特·德赖弗斯（Hubert Dreyfus）被任命为麻省理工学院（MIT）讲师（1958 年，我以牧师身份来到这里），

我和他相识，当时人们对今天所谓的"旧"人工智能（AI）及其早期被高度炒作的关于人工智能驱动的计算机化将能做什么的预测非常感兴趣。但那些被寄予厚望取得成就的人进展得如此缓慢，以至于兰德公司委托德赖弗斯与他的兄弟合作，他的兄弟是一名数学计算机专家，分析为什么事情没有进展（我把这个分析描述为对人工智能计算机期望的经典批判）。他们的研究结果名为《炼金术和人工智能》（*Alchemy and Artificial Intelligence*，1965 出版；1964 年是我在麻省理工学院的最后一年，我得到了一个早期的复印本）。德赖弗斯是许多科学技术炒作（或者我经常称为"技术幻想"）的早期发现者。

简而言之，德赖弗斯断言，诚然人工智能驱动的程序擅长计算，但缺乏综合敏捷性、运动性和身体运动。如今，新的人工智能已经取得了一些成功。例如，为"对冲基金"和其他算法创造了巨大成功的经济交易项目，以及人工智能驾驶的项目，这些都不容否认。因此，有人可以说，人工智能驱动的程序在理解和发展运动方面就像机器人技术一样，或者在任何生物一环境关系中仍然没有那么成功（在无人机和其他仿生设计方面取得了一些成功）。如我们将要看到的，我将这一见解应用于将要讨论的毕加索和自动驾驶汽车的比较示例。

## 八、毕加索和自动驾驶汽车

我从毕加索的以下问题开始，关于他是如何从自然或事物开始的，然后才对他的画作进行经常性的修改。我曾声称，这是胡塞尔的生活世界意义上隐含的"现象学"。从一个具体感知世界转移也比从一个公式或抽象程序转移到一个复杂的动态具体世界"更容易"。为了说明这种差异，我选择将毕加索的

《镜前少女》和自动驾驶汽车项目进行看似奇怪的对比。我之所以选择这个汽车项目，正是因为它想象出了一种具体的投影技术。

我不止一次感受到，《经济学人》是一本脚踏实地的杂志，其季度技术报告缺乏一些更以科学为导向的出版物的大肆宣传，所以在自动驾驶汽车为什么进展缓慢的一般章节下，有一个小节的标题为，"通往无人驾驶汽车的道路漫长而曲折，中国正在走一条与西方不同的路线"。❶

最后，在离开我的绕道式研究之前，我想从后现象学上重新考虑生活世界的概念，尝试将几种变体作为后现代的"亦此亦彼"（both/and），而不是现代的"非此即彼"（either/or）的限制。虽然我一直尊重胡塞尔式、现象学、德赖弗斯的见解，但不可否认的是，尽管目前人们对算法、新人工智能等有着浓厚的兴趣，它们已经取得了一些成功，但计算方面的成功仍然比其敏捷性方面更大。

## 九、结　论

这是关于物质阐释学在以下意义上的发展和应用的最"保守"的章节：

• 首先，案例研究产生了很小的结果，没有一个是突破性的或革命性的。能够阅读一个以前不可读的文本，或者帮助理解一件艺术作品如何有影响的过程，确实是对知识的一种补充。但在每一种情况下，益处都是渐进的，而不是激进的或革命性的。

---

❶ *The Economist*, 12 October, 2019, p. 65.

● 选择这些例子是有优势的，虽然显示了明显的物质阐释学过程，但更有可能被"人类科学"和"自然科学"实践者所接受。最终的结果很容易被旧的"鸿沟"的两边识别出来。

● 这些例子也显示了物质阐释学实践存在的可能的缺点，因为在所有给出的例子中，每个案例最初都是由"自然科学家"选择的，尽管最初对所选择的文本或绘画类型感兴趣的人，通常是借助跨学科的合作进行的——这是当代学术实践的另一个特征。

● 从这些例子本身就可以清楚地看出，为什么这样的选择使物质阐释学分析比传统的"人类科学"限制性处理更耗资巨大。

然而，这些例子或"案例研究"真正地展示了我所说的物质阐释学过程。在"自然科学"方面，技术专长虽然被认为是理所当然的，但需要处理图像的阐释学或解释能力。这反过来又支持了对物品、文字或绘画的更强理解。总之，整个过程产生了一种更精确、更深入的知识，这是一种超越以往划分方法的收获。

# 第七章 物质阐释学和技艺术

## 一、布隆博斯洞穴中的技艺术

我注意到，到目前为止，我所谓的"历史"正在按时间顺序越来越古老。在"技艺术"中，我比大多数人都追溯得远，直到旧石器时代，甚至冰期之前的艺术，追溯到大约距今 10 万年前和南非的布隆博斯洞穴，那里有旧石器时代的颜料混合工具包，以及人类用来调和有限颜料的调色板，这些大概用于绘画实践。这样做的部分原因是展示艺术实践是多么古老。这些物品是由"人类科学家"、考古学家－人类学家发现的，但"自然科学家"使用微成像技术判定日期时，就把这些做法变成了阐释学或解释学的。例如测年技术，如热释光，以及用于分析地面赭石、动物骨髓、构成绘画颜料的"油"的其他液体的质谱技术等，这些实践结合起来可以让我们了解绘画颜料工具包是如何工作的。所有这些照片和成像为我们提供了一个场景，让我们了解我将对这段艺术历史实践的叙述。

在这段"历史"中，我转向艺术而不是科学实践，原因有几个。首要的原因是它基于一段个人经历。我在波士顿地区读研究生时，刚开始攻读的是神学硕士学位（1956—1959 年），然后是在波士顿大学攻读博士学位（1959—1964 年）。我是一个活跃的画家，在展览甚至销售方面都相当成功。在此之前，

15 岁时我为我的祖母画了一幅画。我在 1956—1970 年一直在积极地画画，1969 年搬到石溪后暂停了一段时间，直到 2008 年我恢复工作，如今继续在佛蒙特州的工作室进行新的绘画活动。我对艺术和科学长期以来一直是充满激情的，我现在认识到，正如没有物质工具就不可能有科学实践一样，这也适用于艺术实践，因此我把艺术实践称为"技艺术"。现在，在科学研究的"实践转向"的推动下，将同样的见解应用于今天的艺术实践也是一个小转向。我在这里的策略是，通过技术和艺术的三个不同时间的关系的转变，从长远的角度看待艺术实践。从旧石器时代的艺术开始，然后是欧洲文艺复兴时期的艺术，最后是当代艺术实践，每一个都涉及与视觉和声学示例相关的物质阐释方面。

## 二、旧石器时代的艺术：距今 10 万年前到后冰期时的距今 1 万年前

南非布隆博斯洞穴的绘画工具包（见图 7.1）是我迄今为止所知的最古老的例子，通过当代成像的微过程技术，使用测年技术被科学地确定了年代。我们需要深入研究碳 – 14 测年技术的范围，碳 – 14 测年技术只可以追溯到距今 5 万年前，热释光和其他较新的测年技术可以追溯到距今 10 万年前。这个日期不仅很古老，而且它讲述了一段很长的艺术实践历史——在冰期的大部分时间里，距今 4 万到 1 万年——这非常能说明问题。首先，作为旧石器时代技术的典型工具包，它有很长的保质期。例如：

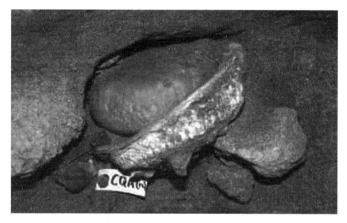

**图 7.1　石器时代的绘画工具包**

来源：图片由 G. 默尔・佩德森（G. Moell Pedersen）拍摄。源自韩薛伍德（Henshilwood）等人，"南非布隆博斯洞穴的一个有 10 万年历史的赭石加工车间"《科学》第 334 卷，第 6053 期，2011 年 10 月 14 日，第 219 – 222 页。经美国 AAAS 许可转载。

- 布隆博斯洞穴的调色板颜色非常有限。包含来自木炭的黑色、红色和黄色赭石，而没有白色、蓝色、绿色或其他颜色，事实证明，这几乎是所有早期的距今 4 万年的洞穴绘画的主要调色板中的颜料。1995 年，让 – 马里・肖韦（Jean – Marie Chauvet）在法国的洞穴、印度尼西亚马洛斯的洞穴中也发现了同样的调色板的光谱颜色——两个洞穴都有 4 万年前的绘画，且都有相似的调色板。肖韦的发现包括欧洲动物，如野牛、犀牛、大象、马，而马洛斯的洞穴则展示了侏儒象和亚洲鹿。这两个洞穴都有相似风格和相同有限颜色的调色板。

- 绘画技术，也有很长的保质期，该技术使用颜色有限的调色板持续进行实践。刷子是后来在另一个法国洞穴拉斯科和西班牙阿尔塔米拉发现的，距今 1.7 万年。随着在世界各地的洞穴沙崖艺术中发现的用嘴和管吹装置画的模板和一般的手绘，刷子与它们一起出现。垫子也是用来绘画的，但很多工作都是徒手完成的。手工制作的版画经常被保留下来，尤其是在旧石器时代的陶艺作品中。由于壁画经常位于洞穴高高的墙壁上，所以必须搭建脚手架。

- 脚印，通常显示出某种舞蹈模式，表明乐器可能被用于社区庆祝活动，这有时在冰期的洞穴中被发现。这种对洞穴本身的观察就是 20 世纪以来对洞穴实践的解释。

- 来自霍赫勒·菲尔斯（Hohle Fels）洞穴的熊骨笛（4.5万年前）和鸟翼笛（3.6 万年前）之类的骨笛，以及一些像鼓一样的原木乐器（可能是打击乐器）仍然被保存下来了，但很可能已经损坏。骨角可能会被描绘出来，但很少有发现。所有这些都可以提供"管弦乐队"的乐器存在的证据。

- 后来的洞穴内部也有小型结构和建筑（小型栖身所等）。

### 三、绕道：法国的诺克斯洞穴，距今 1.5 万—1.7 万年前的绘画

我不禁加上我自己 1968 年访问法国诺克斯洞穴的轶事：我在巴黎度过了"五月风暴"，同时写了我的第一本书《阐释学现象学：保罗·利科的哲学》（1971）。罢工结束后，在第一次飞往奥利（Orly）的航班上，我的朋友威廉·查菲（William Chafe）和他的妻子也来了，他当时是北卡罗莱纳大学的一名历史学家。我和前妻卡罗琳（Carolyn）加入了他们的队伍，租了一辆车前往法国南部诺克斯。在向导的带领下，我们进入了黑暗的洞穴。经过 500 米的小路，我们开始看到抽象的标志——画在墙上的图像性的长矛指出了路的方向。然后，在向里走了

将近1.5公里后，我们转向了第一个有绘画的洞穴，里面包含欧洲野牛、野山羊、野牛和马。洞穴显然是很古老的。由于许多地方都覆盖着一层层的方解石（calcite），向导关掉了手电筒，点燃了一支闪烁的蜡烛。现在，这些身体曲线被画在凸起的岩石上的动物，突然在闪烁的烛光下开始"呼吸"。令人惊叹的是，我至今仍对洞穴艺术着迷。在诺克斯，地板上的泥仍然展示着古代人类的脚印和长眠动物的小塑像。

### 四、继续绕道，形象和逻辑：盖利森和诺克斯

许多年后，彼得·盖利森（Peter Galison）将注意力转向了20世纪的微观物理学，首先是《实验如何结束》（1987），后来是《图像与逻辑》（1997），他将注意力转向了仪器的历史，以及物理学家如何通过使用它们而理解它们。他确定在物理学中有两个深刻的解释传统在发挥作用："逻辑"传统和"图像"传统。"逻辑"传统认为，需要某种计数来"证明"某一点。这种传统拒绝了任何单一的"啊哈"洞察，只有重复计数，如盖革计数器或多次重复的结果，科学主张才是有效的。相比而言，"图像"传统可以接受某个奇妙的"啊哈"时刻的单一结果来认识一种新现象。盖利森认为，这种差异通常也与20世纪微观物理学中涉及的工具传统有关。他的"工具传统"反映了后来的图像/逻辑上的区别。

当我进入诺克斯洞穴时，我意识到在这里，这些独特的解释传统可能比我们这个时代的微观物理学传统要古老得多。进入洞穴，首先有指出道路的标记，后来，还有一些其他的旧石器时代的抽象痕迹。事实上，最古老的石刻似乎是抽象的，就像在7.3万年前的布隆博斯洞穴中看到的那样（令人惊讶的是，

它似乎一直是千禧年一代的艺术实践中心）。这就结束了我的绕道，开始转向下一个变化。

## 五、变化二：技艺术和欧洲文艺复兴

这里的时间跨度很大，从 10 万年前到我们这个时代的 15 世纪和 16 世纪。虽然这一飞跃比早期的现代科学要早，但它的技术飞跃更大。小林恩·怀特（Lynn White Jr.）提醒我们，大型机器技术已经改变了文艺复兴前的世界。从 12 世纪到 14 世纪，丝绸之路使世界开放。马可·波罗（Marco Polo）的 1271—1295 年在亚洲旅行和生活的经历，特别是在中国东方之旅，激发了西方文艺复兴前对东方的巨大兴趣。随着 14 世纪末哥伦布和其他人的世界航行，世界已经开始经历全球化，正如小林恩·怀特在其《中世纪技术与社会变革》（*Medieval Technology and Social Change*，1962）一书中向我们展示的那样。我们现在可以回顾人类劳动是如何转向机械、自然（风和水）和动物劳动的。这个中世纪的技术发展包括许多大型机器，例如：

- 升降塔，以建造大型教堂；使用由驴提供动力的起重机。
- 在荷兰和德国的河流上，有大量的大型吊车。
- 数以百计的风车将低地的海水抽干。
- 研磨谷物的水磨机和锯木厂等。
- 载人马车甚至有"出租车表"。

这场巨大的"技术革命"远早于后来的蒸汽、煤炭、化石燃料，以及最终将现代性引入欧洲世界的电气工业革命。同样的技术动力一直延续到文艺复兴时期。但在这里，我首先关注的是"技艺术"的工具，包括视觉和声学、视觉艺术和音乐。

- 文艺复兴时期是一个技术丰富、具有实验性的时期。在这里，我关注的是"技艺术"。首先是对早期现代科学的诞生至关重要的东西，主要是光学发明。

- 在文艺复兴时期被广泛使用的光学是那些帮助"发明"了"文艺复兴视角"和后中世纪视觉艺术风格的"现实主义"的光学。这些设备包括暗箱、明箱以及大量其他绘画设备，让艺术家更容易适应新的风格，比如达·芬奇、杜勒和其他人的绘画中经常展示的风格。

- 2001 年，大卫·霍克尼（David Hockney）在物理学家查尔斯·法尔科（Charles Falco）的建议下，对艺术技术进行了深入研究。（我承认，今天被称为"霍克尼 - 法尔科"理论，通过应用现代光学的洞察力，对文艺复兴时期相机中使用的镜头进行重新认识，揭示出其焦点的"失真"，显示的地毯图像比其非焦点边缘更清晰，这是在旧世界中没有的洞察力。）

- 霍克尼的《秘密知识》（Secret Knowledge，2001）将技艺术中的非秘密光学重新引入了许多当代艺术评论家对"技巧"和"欺骗"的大规模抗议中。我最近认识了凯瑟琳·威尔逊（Catherine Wilson），一位著名的技术史学者，我曾与她谈笑风生。因为在 1929 年，我从《大英百科全书》杂志中引用了达·芬奇、阿尔贝蒂和许多其他文艺复兴时期的人物，他们讲述了自己使用暗箱的情况。❶

- 加上菲利普·斯蒂德曼（Philip Steadman）的《维米尔的相机》（Vermeer's Camera，2001），以及后来由蒂姆·詹尼森（Tim Jenison）拍摄的电影纪录片《蒂姆的相机》，重现了维米

---

❶ Encyclopedia Britannica, "Camera Obscura".

尔是如何在一个房间里画多幅画的。但这款相机所做的是"自动"创建一个"文艺复兴视角"，倒置了三维外部物体的二维图像。我也参加了这场辩论。❶

• 从历史上看，还应该注意的是，4500 年前，中国的墨子就已经知道了照相机的原理；❷ 阿拉伯人阿尔哈曾（Al Hazen）在公元 1038 年也发现了该原理；也有其他古人发现了该原理。照相机原理在文艺复兴时期的使用是对非–欧洲资料来源的复兴。

• 后来，望远镜和显微镜的复合光学成为伽利略、列文虎克和其他早期现代科学领域的主要成像技术。伽利略的斜面、大教堂的钟摆，等等，所有这些都使用了物质工具，这为早期现代科学提供了证据。

• 更新的是，到文艺复兴时代，旧石器时代艺术受限的调色板增加了白色、蓝色、绿色、淡紫色和许多其他颜色，尤其是金色。有些颜色是在文艺复兴之前的后旧石器时代（Post–Paleolithic）发现的。这些光学技术的创新并不仅仅是文艺复兴时期的技艺术。音乐，至少对后来的"古典"音乐来说，也是有益的。几乎所有的"古典"乐器都是在文艺复兴时期发明的。

---

❶ Don Ihde, "Art precedes Science: Or did the Camera Obscura Invent Modern Science?" in *Instruments in Art and Science*, Berlin: Swalter de Gruter, 2008, edited by H. Schramm, L. Schwarte, and J. Lazarzig, pp. 383 – 420. 也可见于，"Art precedes Science" in *Mediated Vision*, Netherlands: Art EZ Press, 2007, edited by Petran Kockelkon, pp. 24 – 37.

❷ 应该是2000多年前《墨经》中的"景到，在午有端，与景长。说在端。""景。光之人，煦若射，下者之人也高；高者之人也下，足蔽下光，故成景于上；首蔽上光，故成景于下。在远近有端，与于光，故景库内也。"——译者注

● 在文艺复兴时期，大多数古典乐器开始出现——包括粗号（长号）、冠冕（coronet）、小号、管乐器——包括竖笛、新长笛、肖姆（双簧管）——并对弦的数量进行了长时间的实验（欧洲音乐博物馆是展示这一实验历史的丰富资料来源地）。最终，大多数弦乐器都选择了四根弦，类似吉他的乐器选择了6—12根弦，此外还增加了键盘，例如风琴、大键琴和钢琴。

● 我举一个例子，如文艺复兴时期从木琴和旧乐器的 O 形孔到大多数琴弦的 F 形孔延续下来的共振技术。琵琶和许多弦乐都有著名的 O 形孔来共振，但著名的斯特拉迪瓦里（Stradivarius）、瓜奈里（Guarneri）和其他弦乐器转向了 F 形孔。我在《声学技术》（2015）中描述了一个更完整的分析案例。❶

## 六、变化三：当代数字技艺术

从时间上看，从 14—16 世纪，到 19—21 世纪，下一个飞跃并没有那么大。再次强调，我将同时关注视觉和声学技艺术。就技术哲学家所识别的模式而言，在进行重大修改和改变之前，现在是技术传播的现代"加速"时代和"保质期"缩短的时代。我从 19 世纪的视觉和声学成像开始：

● 我首先回到之前关于绘画调色板的内容，到文艺复兴时期（一些来自中世纪的绘画），各种各样的黄金、蓝色（米开朗基罗、薄伽丘）和绿色（卡鲁米尼）被广泛使用。白色在后

---

❶ Don Ihde, "Technologies – Music – Embodiments", Janus Head, 10（1），2007, p. 8. 这篇期刊文章后来成为我的著作《声学技术》（Acoustic Technics）的第五章。Acoustic Technics, New York：Lexington Books, 2015.

来的洞穴中被使用，例如，拉斯科（Lascaux）和阿尔塔米拉（Altamira），它们在 1.5 万—1.7 万年前。但直到现代社会，数以百计、数以千计的色彩才被使用。

● 同样，如上所述，刷子出现得相对较晚。早在 1.7 万年前的洞穴艺术晚期就使用了粗糙的画笔，但随着 5000—7000 年前的书法和"软"书写技术的出现和发展，它才变得更加精致。

● 到了 19 世纪，视觉和媒体技术开始激增，尤其是欧美的"现代化"。首先是 1839 年路易·达盖尔（Louis Daguerre）发明的实用摄影术。他的前辈进行了一些成功的实验，包括约翰·舒尔茨（1725 年）和约瑟夫·尼普斯（Joseph Niepce，达盖尔从他那里购买了 1839 年工艺的专利）。我写了很多关于摄影是成像技术史上暗箱的众多变体之一的文章。❶

● 摄影，作为暗箱技术的一种变体，能够通过化学过程修复图像，产生永久的同构图像，是 19 世纪早期轰动一时的成像技术。首先，请注意，在达盖尔发布这一过程后，摄影立即在全世界范围内引起了反应——照相机立即在世界范围内被生产，结果立即形成了摄影的"大众文化"。后来，平价的柯达（Kodak）相机让任何人都可以成为"摄影师"。甚至更早的肖像摄影商店也可以在世界各地的城镇和村庄找到。

● 虽然还有精英专家（迈布里奇［Eadweard Muybridge］与运动摄影的诞生；安塞尔·亚当斯［Ansel Adams］和自然景观；马修·布雷迪［Matthew Brady］和美国内战），但大众文

---

❶ Don Ihde, "Technologies – Music – Embodiments", Janus Head, 10（1），2007, p. 8. 这篇期刊文章后来成为我的著作《声学技术》（*Acoustic Technics*）的第五章。*Acoustic Technics*, New York：Lexington Books, 2015.

化的摄影师无处不在。我自己也有很多关于我德裔美国亲戚、老牧师和"威廉敏娜·鲁宾"的早期的沉闷的照片，他是我的一个远亲，我小时候把他当作世界上"最丑的人"之一。❶ 虽然摄影标志着一种流行文化，但19世纪早期成像的"技艺术"发明在迅速传播。威廉·伦琴（Wilhelm Roentgen）发明的X射线成像（1895年）也有类似的结果，他很快把妻子戴结婚戒指的手的X光片明信片发给了同事。❷

• 如果视觉成像开始得更早，那么19世纪的几十年里，声学成像也催生了流行的或大众文化成像技术。早在1857年，爱德华·斯科特（Eduard Scott）就发明了一种留声机，尽管它因1889年托马斯·爱迪生（Thomas Edison）的"留声机"而黯然失色，但起初它是一个锡纸的圆柱形机器，可以把波动变成声音，再现为音乐或语言。但这个设备每次录音只允许几分钟，且使用几次后就崩溃了。

• 电报（通过电线发送的文字）和电话（通过电线的语音）也是19世纪的技艺术声学成像技术，但直到20世纪早期才变得更复杂且能被电力驱动（与早期通常的机械过程相比）。

• 无线电（和雷达）很快占据了声学成像的中心。无线电，注定未来会流行和成为大众文化，它也开始于19世纪，但是在最后的几十年里。托马斯·爱迪生和亚历山大·斯特帕诺维奇·波波夫（Aleksander Stepanovich Popov）在1880—1895

---

❶ 见 Peter Pollack's *The Picture History of Photography*, New York：Harry N. Abrams，1977.

❷ 见 Betty Ann Kevels' *Naked to the Bone：Medical Imaging in the Twentieth Century*, New Brunswick：Rutgers University Press，1998. An excellent book on the history of X-ray imaging. 也可见于 Don Ihde，*Acoustic Technics*，New York：Lexington Books，2015，p. 14.

年获得了无线电的专利，但古格列尔莫·马可尼（Guglielmo Marconi）在 1899 年的实际成功的广播（专利，1896）借助的才是第一台可靠的无线电机器。❶

● 雷达，我在这里不会细讲，实际上是一项 20 世纪的发明，1904 年克里斯蒂安·赫尔斯梅尔（Christian Hulsmayr）发明了一种破损船只探测器。"二战"前，更多的发展发生在 1934—1939 年，直到雷达在"二战"期间成为主要的军事技术。它后来的变化是进入地下、变成声呐，以及最终在无线电－望远镜中进行的声学成像，并在 2019 年成功成像了一个黑洞，这些目标大多是科学的。

● 但是，虽然早期的无线电也是面向海洋的，通常是海军、军事和后来的天文学，但它最流行的应用是在技艺术和音乐上。

该技术的早期使用包括播放录制的音乐（就像流行歌剧歌手恩利科·卡罗索［Enrico Caruso］一样），许多人认为这决定了录制歌曲的长度（因为早期的录制平均是 3 分钟）。❷

● 在科学的背景下，我必须提到，无线电天文学是第一个位于"白光"成像之外的成像天文学技术，从而将天文学转化为声学形式。

● 我在这里没有追踪到音乐技术的其他变革，这些变革在较长时间内需要引起关注。例如，长期以来，"声学"仪器的共振能力经历了很多微小的变化。早期的"箭"琴弦使用葫芦

---

❶ Don Ihde, *Acoustic Technics*, New York：Lexington Books, 2015, pp. 66 - 67.

❷ Don Ihde, "Technologies - Music - Embodiments," Janus Head, 10（1）, 2007, p. 9.

作为放大器，我已经提到了文艺复兴时期从 O 形到 F 形共振孔的变化。在乐器共振的悠久历史中，共振工具的讨论范围必须扩大（电气到电子，包括数字和合成器版本，将接下来进行讨论）。

### 七、20—21 世纪的数字和合成器技艺术

最后，我想简要介绍一下技艺术的最新变化，以及电子制作技术的最新发展所产生的声音和音乐，有些人称为"人工"或"合成"音乐：

● 莱昂·特雷门（Leon Theremin）在 1920 年"意外"制造了特雷门琴。他以为自己正在制造一种测量气体密度的仪器，但发现他的 L 形装置可以产生电磁场，可以在磁场中手动"演奏"。因此，这是一种新的、听起来很奇怪的"合成"乐器。虽然他计划用于管弦乐队，但它被用来教列宁演奏俄罗斯民歌，并在当时的新科幻电影中流行起来。

● 捷尔吉·利盖蒂通过剪辑录制的音乐片段，产生了与之前乐器非常不同的声音，后来在斯坦利·库布里克（Stanley Kubrick）广受欢迎的电影《2001：太空漫游》（*2001：A Space Odyssey*，1968）中被使用。这进一步激发了人们对"太空音乐"的流行品味。

● 我早就认识特雷弗·平奇，他和弗兰克·特罗科一起出版了《模拟日：穆格合成器的发明和影响》（*Analogue Days：The Invention and Impact of the Moog Synthesizer*，2002），记录了早期电子音响合成器穆格和布赫拉的发展。他、我和我已故的作曲家儿子（使用合成器）于 2000 年在维也纳就这个新的音

乐发展进行了一个早期的 4/S 小组讨论。❶

　　● 从那时起，许多数字合成器和乐器被开发出来，在这个过程中，表演、演奏者和观众的聚集方式发生了变化。❷

---

❶ Don Ihde, "Technologies – Music – Embodiments," Janus Head, 10 (1), 2007, pp, 15 - 16; see notes, p. 24. 葫芦共鸣器和 1.5 万年前萨满的音乐演奏姿势。

❷ 2019 年 11 月，我参加了芬兰赫尔辛基一所新的计算机音乐大学阿尔托大学的数字合成器开发会议，这是 21 世纪技艺术正在进行的研究的一部分。参见第八章。

# 第八章　音乐和科学仪器，合成器和数字仪器：巨大的倒置

21世纪初，我曾与柏林自由大学（Free University of Berlin）合作进行为期五年的"艺术与科学仪器"研究项目，重点关注的是17世纪，即早期现代科学的时代。我的成果题为"艺术先于科学：或是相机发明了现代科学？"❶ 我们现在跳跃到21世纪，将专注于合成器和数字仪器在音乐中的首次发明，所有20—21世纪的乐器都依靠电子技术，这也是体现艺术＞科学的倒置案例，但现在是科学＞艺术的发展方向。正如将看到的，这会导致一个比其他章节更私人和自传式的叙述，因为我曾深入地参与了这段历史和现象。

我的经历始于我职业生涯中期出版的《倾听与声音：声音的现象学》（1976），随后是2007年扩展后的第二版，并延伸至《声学技术》（2015），因此可以看到我对听觉和声学现象的兴趣有漫长的历史。我的小儿子马克（1986—2012）成为一名作曲家，他获得了许多作曲奖，首先是一个钢琴的奖，然后是三个合成器的奖。他、我和特雷弗·平奇（与弗兰克·特罗科合著《模拟日：穆格合成器的发明和影响》[2002]模拟合成

---

❶ Ed. Schramm, Schwarte, Lazardzig, *Instruments in Art and Science*, Berlin: Walter de Gruyter, 2008, pp. 383 – 393.

器的权威社会历史），不断积累经验，后来我们与世界上几个最著名的数字合成器作曲家合作。最后，我在芬兰阿尔托大学（Aalto University）参加了一个关于新型数字仪器的特殊会议，本章都将提到。

如果回到 17 世纪，即伽利略和早期现代科学发明的时代，应该很明显，因为是光学的改进在早期现代科学的仪器革命中帮助"发明"。首先是由伽利略制作的望远镜和显微镜，被用于他最杰出的发现。但更广义来说，一个多世纪前就有一系列的光学发明，伽利略在 1609 年借鉴了利珀希（Lippershey）的望远镜。早在 14 世纪，暗箱、明箱和许多光学绘图设备就已经在艺术上得到了广泛应用，伽利略将其用于科学，并"发明"了早期现代科学。

## 一、合成器

1920 年 10 月，莱昂·特雷门发明了特雷门琴，这是第一个成功制造的电子合成器，也是一次诸多偶然性形成的结果。他打算制造一种使用某种电子设备来检测气体压力的仪器，该电子设备在两个 L 形天线臂之间投射电磁场，就像无线电一样。❶ 他意外地发现，当他的手在投射领域中移动时，会发出奇怪的声音——瞧，这就是特雷门琴！不管怎么说，在某个时候，他教列宁在特雷门琴上演奏俄罗斯民歌——他一生都是一个忠诚的共产主义者。在艰苦生活中，他逐渐失去了记忆，晚

---

❶ Albert Glinsky, *Theremin*: *Ether Music and Espionage*, Urbana and Chicago: University of Illinois Press, 2000.

年，他给每个人都讲了不同的故事。❶ 这并不是与特雷门琴有关的怪事的结束。在埃夫里尔·哈里曼（Averill Harriman）担任美国驻苏联大使期间，特雷门发明了乐器特雷门的衍生品，❷ 他把它做成了一个木制雕像（实际上是一个间谍装置），七年来一直"窃听"哈里曼的办公室，而没有被发现！隐藏的天线从哈里曼的办公室里发出被窃听的声音。❸

特雷门琴的声音是奇怪的，是一种新的电子声音，不同于传统的乐器，它很空灵，很快就被科幻和恐怖电影使用。虽然特雷门琴很难演奏，但确实有一些精湛的演奏家。它从来没有取得商业上的成功，正如我很快将展示的那样，在特雷门琴发明几十年后，它让位于更容易演奏的电子合成器。这就是著名的穆格和布赫拉形成的《模拟日：穆格合成器的发明和影响》（2002）一书所言的合成器，将稍后讨论。特雷门琴目前仍在生产（通过穆格集团），但产量非常有限。罗伯特·穆格为《模拟日》和关于特雷门的间谍书籍——阿尔伯特·格林斯基（Albert Glinsky）的《特雷门：音乐与间谍活动》（*Theremin*：*Either Music and Espionage*，2000）写了序言。然而，它的声音是独特的，是电子制造的，这是最初的有关科学仪器变成乐器的例子。与几个世纪前从达·芬奇到伽利略的文艺复兴艺术到科学的方向相比，我认为这是一场从科学到艺术的巨大倒置。

---

❶ Albert Glinsky, *Theremin*：*Ether Music and Espionage*, Urbana and Chicago：University of Illinois Press, 2000, pp. 258 - 260.

❷ 1945 年，一些孩子将一枚巨大的手制美国国徽交给美国大使埃夫里尔·哈里曼（Averell Harriman）。在这之后，这个礼物有了一个专门的代称，"金唇"为中文世界对此的专门译名。——译者注

❸ Albert Glinsky, *Theremin*：*Ether Music and Espionage*, Urbana and Chicago：University of Illinois Press, 2000, pp. 258 - 260.

我希望追溯这条从早期的合成器到今天的新型数字仪器的反向轨迹。

## 二、绕道：20 世纪探索的声音，捷尔吉·利盖蒂

我将在这里绕道研究，指出一个深刻的探索，特别是高端作曲家（有些人称这些为"古典"作曲家，尽管历史上 20 世纪已经远远超过了古典作曲时期），他们的名字包括凯奇（Cage）、施托克豪森（Stockhausen）、布列兹（Boulez）等，其中许多人使用电子乐器——当时所有高端探索者都有新的声音。但我选择聚焦于出生在特兰西瓦尼亚的捷尔吉·利盖蒂，其于1956 年之前生活在匈牙利，然后是奥地利。生为犹太人，他有许多亲属在纳粹统治下被杀害，"二战"期间大部分时间都在强制劳动中度过，职业生涯中期被苏联人镇压，但最终，他因在斯坦利·库布里克1968 年发行的《2001：太空漫游》中的音乐曲目而声名鹊起，这也许是有史以来最著名的科幻电影之一。库布里克在没有得到利盖蒂许可的情况下，收录了利盖蒂的几首著名音乐作品，《气氛》和《安魂曲》这两首曲子都包含微观复调（micropolyphony）的电子发明，这是利盖蒂创作的一种令人难忘的多音声。利盖蒂反对库布里克使用里卡德·施特劳斯（Ricard Strauss）的音乐，并抗议库布里克没有得到许可，却享受了这部电影带来的名声。后来，他的歌剧《大灭亡》（*Le Grand Macabre*），一部 1974—1977 年的黑暗歌剧，在 1976年被重写，也确立了他独特的风格。

然而，我想指出的是，他使用了一种非常接近电影制作技术的录制技术。在这里，利盖蒂借鉴了一种电影剪辑的做法，从录音带中剪下小段，然后费尽心思地重新粘贴、编辑以得到

曲子中的多音（midpolyphonous）。我指出这一点是为了展示早期电子合成实验受到电影制作的影响有多大。这些声音不同于任何传统乐器，但就像早期的特雷门琴一样，都是缥缈的。❶

### 三、模拟日，穆格和布赫拉

虽然我认为特雷门琴是第一个流行的合成器，但在 20 世纪初至 20 年代确实看到了一些电子真空管机器的电子实验。这些都是原始的，大多数模拟实验发生在穆格 – 布赫拉时期，后来被《模拟日：穆格合成器的发明和影响》（2002）讨论。这也是早期"社会建构"的社会科学对科学实践的解释时期。该时段主要发明人是威廉·柯林斯（William Collins）和特雷弗·平奇，很快来自荷兰的合作者维杰伯·比杰克尔（Wiejber Bijkerker）加入了他们的行列。维杰伯·比杰克尔与特雷弗·平奇在 1984 年《科学社会研究》杂志上的文章《事实和物品的社会建构》中提到了社会建构主义（然后是一本著名的后续著作，《技术系统的社会建构主义》[1987]）。他们指出，安全和高轮赛车的发展是社会建构主义如何运作的一个例子。后来，在同样的二元论的解释模式之后，平奇和特罗科注意到在穆格中使用键盘的优先性，这在商业上比工作室控制的布赫拉合成器更成功。

该书的大部分论文阐述了穆格如何通过把附加键盘作为控制装置，很快在模拟合成器的商业版图中占据主导地位的。但对合成器的叙述——是 20 世纪 60—80 年代的一种现象——也非常"美国"。罗伯特·穆格（Robert Moog）和唐纳德·布赫

---

❶　Wikipedia, the Free Encyclopedia, "Georgi Ligeti", p. 3.

拉（Donald Buchla）是《模拟日》中两位最前沿的合成器的发明家，在1964—1970年的短暂历史中，他们是两位主要的模拟合成器制造商。这段叙述可能很简短，但内容充实，令人兴奋。很大程度上，这是一个非常美国化的故事。（特雷弗·平奇，《模拟日》的作者之一，是英国的一个局外人。用他自己的话来说，"这不只是在美国。我们中的一个人在英国一个省城的一家军火商店购买了他的第一个短波接收器。这是一架从兰开斯特轰炸机上剥离的R1155……"）❶ 这可以作为模拟合成器产生的文化线索，这是一个由美国和英国一群害羞的家伙、书呆子组成的文化，他们有点害怕女孩，害怕街头斗殴，基本不像我在麻省理工学院时认识的男性中的任何一个，但在这种情况下，他们住在纽约和加利福尼亚（以及英国）。这些人都是"工程师"，经常沉迷于收音机、电子设备，是经常待在车库和地下室的修补爱好者。

那些了解美国的人将会认识到"东海岸/西海岸"的对比，穆格定居在纽约州伊萨卡附近的特鲁曼斯维尔，而布赫拉是来自加州大学伯克利分校的物理工程师。两人都喜欢不同类型的模块化合成器——穆格选择键盘作为其主要控制装置，布赫拉的则是一套刻度盘和声音面板控制器。日本公司（卡西欧、罗兰等）很快就将键盘小型化了，尽管在合成器中，"小键盘"（1970）占主导地位，但小键盘很快就比大键盘便宜了。它们都有各种各样的声色，从缥缈的声音到键盘合成器展示的声音。我需要指出的是，这也是美国和英国摇滚乐的巅峰时期，像米克·贾格尔（有时也被称为"穆格之人"）、甲壳虫乐队和其他

---

❶ Wikipedia, the Free Encyclopedia, "Georgi Ligeti", p. 3.

乐队的名字经常被听到，他们使用合成器播放自己的音乐。在这一时期，我并没有完全意识到几乎每个人都相互认识，包括我儿子的音乐朋友圈。丹·多伊奇（Dan Deutsch），与来自霍夫斯特拉（Hofstra）的赫伯特·多伊奇（Herbert Deutsche）无关，穆格、平奇和其他人都是这种音乐文化的一部分。我们从美国，到维也纳，到伊萨卡，到石溪，演奏和欣赏合成器音乐。然后有一天，特雷弗、马克和我使用石溪大学的穆格和布赫拉合成器继续演示了下一步，即数字合成器，这在索尼布鲁克的音乐部门也有很好的表现。

## 四、数字合成器

当我的小儿子马克开始使用 MIDI 进行合成器创作时，他利用 MIDI 把合成器变成了数字格式。他在石溪大学预科音乐实验室上课，而我和妻子开车相送。我注意到的第一件事是，它已经变成了视听技术（audio - visual）。声音形状也可以直观显示，因为合成器可以产生各种不同的声音，所以视觉显示器可以显示声音形状。早些时候，在马克的钢琴创作时代，他使用了数字键盘，一个使用计算机数字接口（midi）作曲程序的罗兰键盘。他很快就知道，他所作的曲子速度太快，以至于任何人都无法演奏。（佛蒙特州数字键盘是库兹韦尔［Kurzweil］键盘。）我注意到，像许多这样的乐器一样，键盘的声音都是录音（像利盖蒂的作品），在这种情况下，库兹韦尔键盘的声音是基于施坦威钢琴的，是一种高质量的声音，但在一个按钮的切换下，就可以随意在众多选择中拥有大键琴、乔托键琴或其他乐器的声音。和合成器一样，一种类似电影的编辑机制提供了灵活性，所有的数字合成器都是如此。

加拿大西蒙弗雷泽大学世界著名数字合成器作曲家巴里·特鲁克斯（Barry Truax）的工作室也经历了技术上的另一个飞跃。他是我的另一个合作者，后来与马塞尔·科布森（Marcel Cobussen）和文森特·梅尔伯格（Vincent Meelberg）合作，合编了《劳特利奇声音艺术指南》（2017），在其中，我发表了有关超次声的文章《后现象学：声音之外的声音》。后来，在苏格兰阿伯丁，出现了另一位著名的合成器作曲家彼得·斯托勒里（Peter Stollery）。我清楚地记得他在阿伯丁的一个苏格兰教堂举行的音乐会，被一个电子火灾警报打断了，所有观众都把它误认为音乐会的一部分，直到一个观众发声打断后，我们才冲到草坪上。

## 五、加速科学＞艺术的倒置：数字仪器

在经过柏林自由大学的项目，以及21世纪初的"紧急标记我"（Pinch – Mark – me）的合作项目后，2019年11月在芬兰赫尔辛基的阿尔托大学举行了一场关于数字仪器的研讨会，我被邀请做演讲。那个生动的场合中的最后一节讲述很好地说明了这种"科学＞艺术"的倒置，已经加速前进。我不得不承认，我所知道的大部分最新的音乐仪器首先是模拟乐器，然后是数字合成器，但我在芬兰学到了很多。

首先，阿尔托大学，即今天的芬兰第二大大学，也是芬兰最新的大学，在2010年由四所大学合并而成。其中最古老的是一所技术大学，可以追溯到1849年，后来增加了艺术和设计专业，如今包括一个专门研究数字仪器发明的部门。在2019年11月的研讨会－音乐会之前，我与主持人科雷·塔希罗格鲁（Koray Tahiroglu）进行了一系列电子邮件交流，塔希罗格鲁是

土耳其语博士，也是阿尔托大学的教员。当科学文化影响到阿尔托大学时，我开始从其中汲取知识。我很清楚，人工智能（AI）、算法和数字化被阿尔托大学的数字仪器文化视为主导与未来的潮流，或者用我的话说，是当代技术科学的"炒作"。这种"技术幻想"统治了阿尔托大学现在的音乐文化——这是我从未经历过的。我之前注意到，在音乐文化中，巴洛克乐器等古老乐器是如何被用来演奏古老的巴洛克音乐的。这与科学应用相反，科学应用通常实现对新仪器的期望——今天，科学界没有人使用伽利略望远镜，除了历史上的例证。简而言之，在艺术和科学文化中盛行着两种不同的实践偏好。数字仪器主要是 21 世纪的乐器，继许多合成器之后，它们也是 20 世纪、更接近 21 世纪的乐器。

这在周五晚上的阿尔托音乐会上得到了很好的说明，这是阿尔托研讨会的一个高潮。每个演讲者都要演奏一个曲目。虽然我从未当过作曲家，但我已故的儿子确实赢得了三个合成器作曲奖（如前所述），所以我在阿尔托音乐会上演奏了他的一曲数字合成的作品《大天使》。它很适合这个节目，之前曾获得过赫伯特·多伊奇奖（Herbert Deutsch Prize）。我确实注意到，其他参与者演奏的所有数字作品听起来音调都很高，也很缥缈，音量很高。在阅读会议著作集时，我发现阿尔托的许多作曲家在早期都是电吉他手和作曲家。

我的论文早些时候追踪到了时间切片变化中音量越来越高的轨迹，这是从声学谐振器（acoustic resonators）开始的。这些乐器是由 4000 年前的布须曼人（Bushmen）发明的，最初是作为单弦乐器，比如古代洞穴壁画中的以葫芦为共振器的狩猎弓，再是后文艺复兴时期的木制共振器，然后从圆形古典乐器转向多弦古典乐器（如小提琴、大提琴、贝斯和 F 形孔，这导致从文艺复兴前到文艺复兴后的弦乐器的音量增加了 50%）❶。下一步是在最近的工业时代向电子增强技术过渡，同时向电子增强技术转变的时期，包括阿尔托的数字增强技术。❷ 这一切都符合音量的增长轨迹。

我敢在聆听这些数字音乐时加入自己的主观反应吗？我自己的音乐品味是高度兼收并蓄的，正如特雷弗·平奇在《后现象学：伊德的批评性指南》（2006）中指出的那样："如果把伊德当时对物理学的'高等教派'（high church）所做的与科学哲学家（20 世纪 70 年代）对其所做进行比较……声音之美和伊德的做法是，没有'高等教派'。"❸

然而，当我听到高音量的数字作品时，我想知道这是"音乐"还是电吉他引导风格的简单的大音量"以太"（ether）声音的扩展？当然也会有其他风格的数字音乐声音！也许这些都是一个开始，而不是一个结束？我回忆起，在我演奏过的马克的作品《大天使》中，对电子鼓的工业音乐方面的"机械"改编，就与阿尔托的数字作品非常契合。

或者，我应该自我批评自己的反应，也许我并不像我想的那样是"低等教派"？我承认，虽然从现象学的角度来看我喜欢的音乐种类"兼收并蓄"，但我没有把"摇滚""工业电子音乐"或许多其他高音音乐放在我的其他音乐同一等级上。例

---

❶ Trevor Pinch and Frank Trocco, *Analog Days*, Cambridge：Harvard University Press，2002，p. 50.

❷ Don Ihde，"Postphenomenology：Sound Beyond Sound"，in *The Routledge Companion to Sounding Art*，edited by Marcel Cobussen，Vincent Meelberg，and Barry Truax，New York and London：Routledge Publishing，2017，pp. 209 – 212.

❸ Don Ihde, *Acoustic Technics*, Lanham：Lexington Books，2015，pp. 82 – 84.

如，卡内基音乐厅系列中有两个，以钢琴演奏家和爱乐乐团为特色。对于后者，我承认柏林爱乐乐团是我的最爱。从技术上讲，两者都是完美的，但又富有表现力，胜过所有其他人。我还记得我是多么讨厌一个"敲击琴键的钢琴家"，他敲击的声音如此之大，以至于我都认不出这位作曲家了。我是不是低估了数字以太在其"肉身"中的声音？

# 第九章　科学转向阐释学

这一章主要是针对那些在本书大部分章节中扮演主导角色的科学读者和实践者的。物质阐释学的推进与章节进展同步，首先是奥茨，20 世纪末的木乃伊，我们几乎完全通过成像技术了解了他，而后从维京人入侵英格兰，到堪萨斯的科罗纳多，到文明的崩溃，到艺术、音乐、维苏威火山爆发后的文本分析，再到由成像仪器主导的许多其他形式的分析。我对科学的看法，从我的第一本技术哲学著作《技术与实践》（1979）中已经有一个视角，即通过仪器，或者更准确地说，科学仪器被人类观察者使用，人类观察者通过仪器媒介来操作和体验世界。回顾过去，通过许多著作，我现在看到科学在仪器方面有着漫长而高度变化的历史。

我把这段历史大致分为三个时代：早期现代科学（EMS），大多数学者是从 17 世纪开始的；晚期现代科学（LMS），这标志着 19 世纪的仪器史，其标志是电磁波谱（ems，小写以区别于早期现代科学［EMS］）的发现；以及我所说的后现代科学（PMS），它使用了直到 20 世纪和 21 世纪才发明的微成像技术，或者需要阐释学实践的当代成像技术，这产生了我所说的物质阐释学。《声学技术》（*Acoustic Technics*，2015）表明了晚期现代科学（LMS）的大部分变化，它与其他几本著作一起，最终引出了《物质阐释学：反转语言转向》这本"巅峰"之作，本书中的科学变得具有更充分的阐释性或解释性。

## 一、早期现代科学（EMS），光学

遵循我所说的仪器史，《技术与实践》的前四章专门介绍各种各样的仪器，希望展示人类与仪器之间的关系如何成为科学观察、发现和实践的核心。当时，我认为自己是一个"海德格尔式学者"，因为我接受了他对主导科学哲学的常见的科学与技术关系的反转看法。海德格尔认为，科学起源于技术实践，这导致这样一种观点："没有工具——没有科学"，或者更确切地说，"没有人－工具关系，没有科学"。如果是这样的话，这就意味着所有的科学都必须是"技科学"，或者是一种技术化的科学，就像"海龟下面还是海龟"。在这种背景下，我将转向三个关于仪器历史的时代变体研究。

## 二、早期现代科学（EMS），17 世纪以后

早期现代科学（EMS）从一开始就经历了一种不寻常的抵抗，主要来自文化－宗教的力量。这种抗拒是对某种经验的抗拒，是对感知的抗拒，是对技术的抗拒，是对光学的抗拒——当时占主导地位的成像技术、光学的，望远镜和显微镜，被早期现代科学（EMS）的领军人物伽利略发明和经常使用。文化－宗教的抵抗，体现在源自希腊的（哲学的，通常是柏拉图的）文化中，轻视感知和经验。许多耶稣会士和教会神父不相信伽利略的光学，因为他们相信虚假或多个图像可以"内置入"望远镜和显微镜，事实上，它们可以通过糟糕的工艺和低劣的技术来实现。相反，伽利略认为光学也可能比裸眼视觉更好，他宣扬他的望远镜让他看到亚里士多德或《圣经》从未见过的天空，正

如他在《星际信使》中的辩论文章中所呼吁的那样。

当时在很大程度上没有被注意到的是，光学实践在文艺复兴艺术中已经很好地建立和实践了几个世纪，例如使用暗箱、明箱，以及杜勒、达·芬奇和其他人的透视和绘画装置，这是没有任何争议的。后来，特别是伽利略和他的林克斯学会（意大利皇家学会的前身），呼吁通过显微镜观察以获得的关于蜜蜂的认识被公开，试图说服教皇帮助伽利略摆脱来自宗教裁判所的麻烦（1610 年伽利略报告称，太阳不应该因"斑点"而"有缺陷"，它揭示了人们对仪器［视觉］的更多不信任）。简而言之，望远镜和显微镜所做的是通过新发现的放大功能极大地改变感知。在离开这个抵制早期现代科学（EMS）的话题前，我想提出两个具有前瞻性的历史观点。第一，我在这里隔离了一种对早期现代科学（EMS）的特殊抵制，这种抵制比通常所说的更广泛、更深刻，因为它与中世纪晚期思想的文化－宗教同源，既有希腊哲学思想，也有基督教天主教思想，这都抵制感性经验和技术，尤其是对科学技术或仪器的不信任。第二，尽管光学技术的突破让伽利略及其科学追随者改变了整个物理学和天文学，但当时没有人真正理解，这实际上只是成像技术中有限的第一步。

早期现代科学（EMS）光学所做的只是"放大"普通的或"白色"的人类可见范围内的光。所有的天文学，即使在早期的光学之后，仍然是"白光"天文学或"眼球"光天文学。人们现在可以看到月球上的山脉和银河系上的无数恒星，但是 19 世纪晚期现代科学（LMS）的电磁波谱（ems）比我下面将要展示的更多。对早期现代科学（EMS）的抵制，特别是对它所使用的仪器的怀疑，仍在继续。尽管那些关注发展和改进（特别是成像技术进步）的人知道改进往往需要时间。例如，伽利略从李波尔赛（Lippershey）的 3 倍功率的复合望远镜的计划开始，终其一生，把功率提高到大约 30 倍，当普通玻璃透镜达到放大的极限时，会产生"光学色差"，因此，限制了他的望远镜。例如，识别土星环，伽利略的望远镜只能显示一个"突起"，而不是环，直到后来通过惠更斯望远镜的燧石玻璃镜头，人们可以使土星环成像。此外，科学史上一个众所周知的事实是，显微镜在生物学中的接受速度比望远镜在天文学中的接受速度更慢。

### 三、晚期现代科学（LMS），电磁波谱

《声学技术》（2015）虽然是一本关于声学技术热潮的书，但它以 1800 年威廉·赫歇尔（William Herschel）发现的红外光开场。红外光是从光谱仪的热量中发现的，是第一次发现超越人类看到的"白光"的光。这比 1862 年詹姆斯·克莱克·麦克斯韦（James Clerk Maxwell）著名的电磁波谱（ems，用我的术语说）早几十年。因此，到了 19 世纪中期，对辐射的新认识首次将体验扩展到一个新的范围或以前没有经历过的现象（仅由新发明的成像技术介导）。回到《声学技术》，我接下来要提到约翰·里特（Johan Ritter）在 1801 年（就在赫歇尔发现红外光之后）发现的紫外线。这个频率，也超出了白光，在光谱的冷端。麦克斯韦发现了光谱，但海因里希·赫兹实际上发现了无线电频率，到 19 世纪末，威廉·伦琴（Wilhelm Roentgen）在 1895 年发现了"新光"或 X 射线。[1] 简而言之，LMS 和电磁

---

[1]　Wilhelm Roentgen, in Bettyann Holtzmann Kevles' *Naked to the Bone*, Brunswick：Rutgers University Press, 1997, p. 20.

波谱（ems）无意中开创了一个全新的可以创造"新体验"的道路。但只有通过新的成像技术的介导，才能使这种新的体验成为可能。我想看看这个新时代的一些含义：

● 首先，电磁波谱（ems）是一种技术介导或成像的现象，它极大地打开了世界的新现象。例如，远远超出了以前普通经验到的频率的限制。

● 动物体验。今天，我们意识到，动物感知可以得到我们人类所没有的或在经历中模糊的形状，包括热、红外、紫外线和磁性（大多数迁徙生物都有）。基于谷歌地图，观察者最近注意到，牛在吃草时会沿着磁力线排成一条线——不靠近电磁线，那会破坏磁力线（我在欧洲乘很长时间的火车过程中观察到这种现象）。动物的感知还包括用手指品尝（阿姆斯特丹民族学家安玛丽·莫尔［Annmarie Mol］指出的一个悠久的烹饪传统❶）和回声定位（见我的"后现象学有蝙蝠问题吗?"❷）。

同样，特别是关于下一节将要讨论的反经验信念问题，有趣的是，在通过电磁波谱（ems）发现光的新形式早期，就有一场关于电磁波谱（ems）是有限的还是无限的争论。赫歇尔通过显示辐射波长从纳米尺度的短伽马波延伸到千米以上来解决这个问题，从而使频谱有限，因此所有天文学的当代成像技术只能从伽马波到无线电"切片"或频率成像。这在不同的科学中起着不同的作用。

---

❶ Annemarie Mol, "Language Trails: 'Lekker' and its pleasures", *Theory, Culture, and Society*, Vol 31, 2014, pp. 93–119.

❷ Don Ihde, "Does Postphenomenology have a Bat Problem?", *Technoscience and Postphenomenology: The Manhattan Papers*, edited by Jan Friis and Robert Crease, Lanham: Lexington Books, 2015.

例如，天文学家倾向于选择狭窄的"切片"，这样，只要用 X 射线频率，就能成像位于蟹状星系中心的脉冲星及其两极的辐射喷流。这些图像是在 20 赫兹或 X 射线频率下拍摄的，而放射科医生，例如试图对脑肿瘤成像的医生，更喜欢使用 fMRI + PET 扫描 + CT 扫描的层析复合材料（3D）技术，结合成一个单一的 3D 图像，该图像可以更好地用于手术。在总结晚期现代科学（LMS）这一部分时，我指出了一些成像技术的扩展，它改变了 19 世纪的科学。其中一部分发表在我的《实验现象学：多稳定性》第二版第十三章"暗箱的变化"❶ 中。我指出，光谱学在 19 世纪中期变得有用，它是基于单缝光谱镜、双缝光谱镜的干涉测量，以及其他成像技术，如基于光速活性的相机变化的全息摄影。❷

### 四、后现代科学（PMS）：20—21 世纪的成像

正如前几章所指出的，将科学实践转为更具阐释性的最高范式转换的图像技术是 20—21 世纪的发明。我曾多次提到过的测年技术，如碳－14（1940 年发明），以及后来完全建立的古地球（距今 45 亿年）和宇宙（距今 135 亿年）的测年方法，它们直到 20 世纪才被确定。在后现代科学（PMS）之前，距今 7 亿年的人类起源和迁徙的 DNA 追踪也没有被确定。我还引用了罗莎琳·富兰克林的 DNA 图像的 X 光照片和由彼得·盖利森

---

❶ Don Ihde, "Variations on the *Camera Obscura*", in *Experimental Phenomenology*, 2nd edition：Multistabilities, Albany：SUNY Press, 2012, pp. 153–170.

❷ Don Ihde, "Variations on the *Camera Obscura*", in *Experimental Phenomenology*, 2nd edition：Multistabilities, Albany：SUNY Press, 2012, pp. 153–170.

发起的事件视界虚拟黑洞图像项目。❶ 我还想添加一个 21 世纪新增的声学设备。无线电、雷达和大多数声学成像都是相对较新的。无线电是 20 世纪早期的发明；第一个用于无线电天文学的仪器是由伊利诺伊州的格罗特·雷伯（Grote Reber）发明的后院天线。但很快，物理学家卡尔·奥托·兰斯基（Karl Otto Lansky）就得出了一些见解。❷ 无线电天文学一开始是偶然的，但它的感知—经验的影响是重大的。这是第一个"黑暗"天文学，是 20 世纪的发明，在原本黑暗的天空中产生了实体，最终罗伯特·伍德罗·威尔逊（Robert Woodrow Wilson）发现了宇宙的背景辐射，并于 1978 年获得诺贝尔物理学奖。❸

● 在背景辐射之前，通过无线电天文学发现了暗星和其他天体现象。

● 最终，如前所述，无线电望远镜被用作一个单一的整体地球观察，八个无线电望远镜组合成一个"虚拟"望远镜，成像一个黑洞。

● 这些成像仪器是 20 世纪和 21 世纪的新仪器，极大地打破了视觉性，不只是视觉成像，并预示了现在在科学中常见的大量多感官成像，因此需要图像解释或阐释学。

● 这些仪器再次频繁地模仿和模拟了动物的感知（参见下文的生物模拟例子，但也有人类多维度感知的例子）。

很明显，今天的天文学与伽利略时期的天文学有很大的不同，伽利略甚至不知道最近的恒星与我们今天的宇宙相比，距离

---

❶ Breakthrough Prize, 2019, $ 3 million dollars, *Harvard Gazette*, September 6, 2019.

❷ Don Ihde, *Acoustic Technics*; Lanham: Lexington Books, 2015, pp. 18 – 19.

❸ Don Ihde, *Acoustic Technics*; Lanham: Lexington Books, 2015, pp. 18 – 19.

有多远，它们有数万亿个星系、黑洞、脉冲星、双星、气体云，等等。科学、我们的世界、我们自己——我们的生活世界——以及我们的感知和经验都发生了巨大的变化。最后，在离开后现代科学（PMS）时，我想指出科学本身一个更显著的变化。今天的仪器被迅速接受，不像早期现代科学（EMS）时代中的伽利略光学。

我们几乎是立即认为当今仪器的结果是理所当然的。事件视界虚拟黑洞图像复杂、昂贵，即使被批评为"作秀"，人们对其也没有多少怀疑或不信任。它显示了一个由复杂仪器产生的成像"眼见为实"现象中的黑洞。事实上，它的成就获得了300万美元的突破奖。❶ 它的下一张图像，将扩展到11个无线电望远镜，以创造一个更大的"虚拟望远镜"。

我们花了很多年和大量的努力才达到这一点。如果《技术与实践》（1979）开始了41年的关于仪器和科学的旅程，并由此产生了后现象学，即一个实用主义—现象学的混合，强调当代人文－仪器－科学的媒介性，那么现在可能是时候提升到关于人类体验的更哲学的思考了，特别是感知、具身，以及在后现代时代我们对整个生活世界的参与。所以，在本章接下来的部分，我想用一种有点讽刺意味的眼光来看待科学哲学，我认为这是一个漫长而深刻的神话，需要去神话化。

## 五、去神话化和后现象学

这个术语对科学读者来说可能是新奇的，因为它是从 20 世纪早期神学的一种流行实践中借用来的——这是一种旨在揭穿

---

❶ 2019 年基础物理学突破奖。

和摧毁一个漫长而深刻的神话的做法，尽管有许多证据表明这个神话已经失去了它的用途。在这种情况下，神话是现象学，首先以其经典的形式，后来有时甚至指向后现象学，是"主观的"，并使用"内省"的方法来证明主观主义。我承认，每当我听到这个神话，我就会头痛，因为据我所知，无论是古典还是后现象学中，没有成熟或深刻的现象学家认为自己使用"内省"的方法。我冒昧地向我认识的一些主要的现象学学者咨询了这个问题，我在这里分享一些最初的回答：

● 石溪大学的多恩·韦尔顿，我多年的同事，也是世界著名的胡塞尔学者，著作等身，他回答说："如果胡塞尔被贴上内省主义者的标签，他会被吓坏的。内省，充其量是一种内向性，它已经将意识定位为一系列片段，当自身崩溃时，它的存在将被感知。即使对早期的胡塞尔来说，内省的改变也完全忽略了这样一个事实，即主观性是一个具有内部关系结构的领域，必然包含'自身外部的东西'。"❶

● 罗伯特·沙尔夫（Robert Scharf），新罕布什尔大学名誉教授，是与我交往时间最长的批评家和大陆哲学家朋友，《大陆哲学评论》前编辑，写过关于哲学史、孔德、胡塞尔、海德格尔和狄尔泰的著作。他对后现象学很友好，但他经常倾向于支持更传统的现象学观点。他的回答是："令人沮丧的是，对现象学的反思仍然不明显。甚至孔德也拒绝了这个想法……对我来说，这变成了一部著作，有关海德格尔、狄尔泰和胡塞尔……在那里，内省、传统反思和现象学自我意识之间的区别变得至关

---

❶ Donn Welton，e‑mail，March 29，2020.

重要。"❶

●　罗伯特·罗森伯格（Robert Rosenberger），佐治亚理工大学副教授和《后现象学和技术哲学》系列（列克星敦出版社）的主编，是后现象学的学生，也是主要的贡献者。他回忆起几年前，布鲁诺·拉图尔在 4/S（美国社会科学研究学会）发表主题演讲时进行的一次著名的公开交流："这让我想起了拉图尔告诉你的，你是'主观性哲学家'，你回答'我不是，我是后现象学家'，拉图尔回答，'你是现象学家，因此你是主观性哲学家'。"❷

●　现在我加上自己的评论：当然，胡塞尔把他的现象学版本称为"先验主观性"，但我追随海德格尔，更多的是梅洛－庞蒂，他成为后来超验主观性的反对者（更多是对在世存在），我发现自己在攻击早期现代科学（EMS）洛克－笛卡尔的思维模式（参见我 2000 年 2 月在《自然》杂志上发表的文章，《认识论引擎》❸）。

最后，回到经典的梅洛－庞蒂的描述，《知觉现象学》（*Phenomenology of Perception*）肯定是一个"经典"的现象学，他把自己描述为世界之外的自己，我补充了两句很有说服力的话："现象学领域不是一个'内心世界'，现象不是一种'意识状态'或'心理事实'，对现象的体验也不是一种内省。"❹ 或者说，"成为一种意识，或者更确切地说，成为一种体验，就

---

❶　Robert Scharff, e-mail, March 29, 2020.

❷　Robert Rosenberger, e-mail, April 1, 2020.

❸　Don Ihde, self quotation, April 1, 2020.

❹　Maurice Merleau-Ponty, *Phenomenology of Perception*, translated by Donald Landes, New York：Routledge, 2012.

是与世界、身体和他人进行内在的交流，与他们在一起，而不是在他们身边"。❶ 这是现象学的，甚至与韦尔顿早期但笨拙的胡塞尔研究相一致，但与洛克或笛卡尔的早期现代科学（EMS）观念不一致，即心灵是一种扫描精神图像的暗箱。因此，我惊讶于这种把现象学作为"内省"的误解可能会继续下去。

在这里，我回到了像伊夫林·福克斯-凯勒（Evelyn Fox Keller）这样的科学家，她最初是一名物理学家，但后来转向了生物学。在其高效率的研究中，她在《让生命有意义：用模型、隐喻和机器解释生物发展》（2002）❷ 中提出了一个非常常识性的描述，说明了一系列隐喻是如何在基因解释中被使用的，然后又被抛弃了。"主分子""锁和钥匙"等让位给今天的 DNA 元素的 GCAT 代码，每个模型和隐喻都已经达到了我所说的保质期，并消失了——就像"内省"所触及的主题也应该消失一样。

## 六、继续去神话化

在结束本章前，我想再增加一个部分，看看一系列当代的、更激进的、面向未来的、后现象学兴起的预言家，所有这些预言家都试图证明，相互关系分析如何被我认为是怀旧的、被旧神话的回归所取代，这些神话没有通过后现代科学的微技术抓住物质阐释学的要点。我首先故意讽刺地回到了"意大利未来主义"。

---

❶ Maurice Merleau-Ponty, *Phenomenology of Perception*, New York：Routledge, 2012, translated by Donald Landes, pp. 58-59.

❷ Evelyn Fox Keller, *Making Sense of Life*：*Explaining Biological Development with Models*, *Metaphors and Machines*, Cambridge：Harvard University Press, 2002, p. 160.

## 七、意大利未来主义，回归

1909 年，菲利波·托马索·马里内蒂（Filippo Tommaso Marinetti）发表了《未来主义宣言》，开启了一场被称为"意大利未来主义"的运动，这是一场社会和艺术运动，"强调速度、技术、年轻……以及汽车、飞机和工业城市等物体……"❶ 它的理念是通过美化速度和新的艺术风格（如立体主义、达达主义和超现实主义），将意大利从漫长而沉重的过去中解放出来。它对速度的美化采取了特殊的形式——光滑和流线型设计，就像"光滑 = 速度"。因此，飞机、汽车和船只都需要保持光滑和流线型。我发现这一点，尤其在后现代科学（PMS）之中，这是很有趣和具有讽刺性的。原因如下：事实证明，在后现代科学（PMS）的新视角下，流畅的流线型是完全错误的，特别是在 20 世纪和 21 世纪的微成像技术中。以下是我的例子：

- 最快的捕食鱼是鲨鱼。它们可以比其他鱼游得更快，但根据现在的显微镜检查，它们的皮肤是"粗糙的"，由数百万个微小的小齿覆盖而成（如果通过扫描电子显微镜观察）。为了尽快将这些发现商业化，人工鲨鱼皮很快就通过 3D 打印机技术生产，并生产了泳衣，这是 20—21 世纪的另一种后现代科学（PMS）设备。在野外，鲨鱼可以将游泳速度提高 6.6%，而能量只增加 5.9%。因此，与意大利未来学家认识相反的是，有粗糙小齿覆盖的皮肤比光滑的皮肤更快、更节能。

- 今天，粗糙的鲨鱼齿模型鱼雷、潜艇和船只都是更快的设备，违背了早期的理解，包括意大利未来主义对速度和表面

❶ Wikipedia, the Free Encyclopedia, "Futurism".

的理解。

让我们来谈谈飞机：每个人都知道没有一架飞机能像鸟或昆虫那样飞行。飞机有固定的翅膀，不敏捷，不能像蜂鸟那样飞行（因为蜂鸟的体型太小，潜水速度却比任何猛禽，包括猎鹰都快），或者像敏捷的大黄蜂。最近借助鸽子羽毛制成的机器模型正试图建立可以敏捷飞行的生物模型。诚然，超音速喷气式战斗机比任何鸟类或昆虫都更快（以直线飞行）。那么，有结合速度和敏捷性的"技术幻想"——UFO，又有什么奇怪呢？我们希望如此。

所以，现在允许我们转向一小部分精英的怀旧哲学家，他们声称他们的主张是更激进的，未来主义的技术理念，后来变成了怀旧的复古风格。我将从下一节关于后人类主义和超人类主义开始。

## 八、后人类主义和超人类主义

激励后人类主义的想法很简单。如果技术能够足够纯粹，它们就可以以一种融入人类的方式，将人类变成一种新的技术－人的进化，从而产生一种后人类存在，一种仿生类型的后人类。

我想从一个有趣的经历开始这一部分论述。从学术角度来说，世界旅行的一个奇妙的附带好处就是会遇到许多来自各地的博士生，现在已经将近 100 名。最近一位是来自新西兰的古德伦·弗罗姆赫兹（Gudren Frommherz），她 2016 年的论文答辩是通过长途电话远程进行的，题目为"超人类主义视觉：技术－人状况的批评图像学"。在这篇论文中，她收集了大约 600 幅在杂志上用来描绘未来人类的图像。大多数是有一张漂亮女性脸蛋的机器—人的混合体。其中一半表现出机器人的特征，另一半是人——皮肤清洁，健康性感，微笑着。在答辩期间，我指出这些图片已经严重过时——这是一个无线、电子、晶体管芯片技术的时代，而不是电线或过时的技术的时代（事实上，这些老式的图片就像第八章中提到的一些早期合成器——早期的那些有真空管和电线，而不是晶体管或芯片的合成器——所有的部件都是电子部件，甚至像《模拟日》中的模拟计算机，更不用说数字合成器了❶）。在这篇评论中，我想用这幅图画来说明后反（post－trans）现象和其他伪装的哲学－技术团体系列中的怀旧情绪。

### 九、尼克·博斯特罗姆,"牛津联系",人类未来研究所

没有人能否认牛津大学长期确立的声望，也不能否认牛津大学科学分析哲学在大部分时期的主导地位，甚至直到21世纪亦是如此。关于"后人类主义和/或超人类主义"，尼克·博斯特罗姆作为牛津大学人类未来研究所所长所扮演的角色是毋庸置疑的。这位瑞典出生的哲学家，世界闻名，与比尔·盖茨（Bill Gates）、埃隆·马斯克（Elon Musk）和史蒂文·霍金（Steven Hawking）等名字联系紧密，他是科技和"后人类主义－超人类主义"领域最狂野的名义领袖之一。

博斯特罗姆扮演着一个模棱两可的角色。用我的话来说，他是一位高水平的"纸上谈兵的哲学家"，也就是说，他生活在对论点的思考中，高度抽象，显然是在分析哲学的高度认知主义传统中，并且正是出于他的哲学品味，他经常被引入我所

---

❶　见第八章。

说的"技术幻想"的哲学家群体。例如，他怀疑人类主义者，怀疑所谓的人类原则，他的一些批评者指责他过于"痴迷于科幻小说"（以下是库布里克《2001：太空漫游》中恶意电脑"哈尔"［Hal］的回声）。

事实上，对于霍金和其他人来说，博斯特罗姆在他2014 年的著作《超级智能：路径、危险、策略》中发出此警告，最近最大的新闻是他警告说，超级智能和无定向形式的人工智能可能构成最终的反人类威胁，可能消灭全人类。博斯特罗姆是一个哲学团体的成员，该团体称赞新人工智能是超级智能的，但反乌托邦的，他担心这可能对全人类构成威胁，因此他、霍金和其他人签署了一封警告这种潜在危险的信。❶

这与许多后超人类主义（post‐transhumanism）所固有的怀旧的"技术幻想"形成鲜明对比，特别是在人类的技术增强方面。

这是我的问题，我认为后人类主义‐超人类主义所持有的整个技术概念是有缺陷的，它忽视了所有技术的有限性、偶然性和保质期——它的磨损，"死亡"，会随着时间的推移而变得无用。我的童年经历中，每个美国中西部农民的一堆破碎的机器零件，就说明这一点。这些垃圾堆是拼贴技术的资源——发明了我们发明和制造的新机器（此外还提供了我自己的废弃物组成的作品的部分零件，现在在我退休后的工作室和家里都能

---

❶ Wikipedia, the Free Encyclopedia, "Nick Bostrom".

看到）。或者，正如《医疗技术》（2019）中指出的那样，医疗植入物也会磨损，每一次替换都需要接受者牺牲更多的骨头，每一个植入物都会产生自己的生物细菌膜，这在未来可能会引起感染（就像我的膝关节置入物所发生的那样）。人类的增强远非仿生，更确切地说，总是一种"权衡"（trade‑of），远非后超人类主义者的科幻似的"技术幻想"。

只有"扶手椅上的思想家"才能幻想完美的世界。当然，博斯特罗姆还能持续下去。他得到了许多后现代主义的教训，特别是作为一个媒体人物。他与一些较大的媒体和最受欢迎的名字，以及主导当今世界的科技公司联系在一起。所以，即使他幻想着乌托邦或反乌托邦，他也能持续下去。

### 十、布莱恩·莱特现象

我在极度犹豫是否需要介绍这一小节，因为我所称的布莱恩·莱特（Brian Leiter）现象是一个小现象，而不是一个大运动或团体，但它在最近的哲学历史时期发挥了作用，对与这个主题相关的现象学、后现象学和技术思维产生了影响。莱特很早就开始成为哲学家的批评者，事实上，在1989年他还是研究生的时候，就开始出版《哲学美食家报告》，并运营了25年。这份报告以其对主流分析哲学课程的偏爱，和受过分析哲学训练的哲学家比其他学派的哲学家更擅长"大陆哲学"研究的观点而闻名，即使包括真正来自大陆哲学的学者，也继续强调了早期现代科学（EMS）精神哲学的精神信仰。2002年和2014年，对这种看法的反对是如此强烈，以至于莱特辞去了董事职务；大量请愿书被发布，《高等教育纪事报》称，"有争议的哲

学家卸任影响力排名的编辑一职"。❶ 我清楚地记得莱特的声明
给我们的研究生造成了非常大的恐惧。

莱特的"对主流分析部门的偏见"是众所周知的，❷ 但他
的看法也弥漫着一种对牛津传统的神秘化，如果看一看他青睐
的附属机构，会发现莱特经常试图与这种神秘化联系在一起。
如前所述，我不愿意相信莱特有这样的影响力，但这有助于聚
焦早期现代科学（EMS）的主体性和认识论的神话，从而去神
话化。

## 十一、物导向本体论

从一开始，后现象学就面临阻力，我们的许多研究人员，
甚至是那些主要对被许多新的技术导向哲学青睐的相互关系本
体论友好的人，比如好奇者和诽谤者一直在玩弄与相互关系思
维无关的思维方式。也许，今天最极端的，是来自格雷厄姆·
哈曼（Graham Harman）的工作，他是一位海德格尔思想的哲学
家，提出了他所谓的物导向本体论（OOO，Obeject - Oriented -
Ontologies）。我承认，阅读哈曼的著作总是有点力不从心，因
为他博览群书，是一位强有力的作家，正如他的"没有唯物主
义的现实主义"。什么是OOO？哈曼的读者，包括我在内，将
不得不回到夸张的描述总结他的成果。哈曼认为，如果一个人
从前现代的古代开始，就必须考虑一个不再存在的"偶然主

---

❶ Chronicle of Higher Education, October 4, 2014. https：//www. chronicle.
com/blogs/ticker/controversial - philosopher - will - step - down - as - editor - of - influ-
entialrankings.

❷ Chronicle of Higher Education, October 4, 2014. https：//www. chronicle.
com/blogs/ticker/controversial - philosopher - will - step - down - as - editor - of - influ-
entialrankings.

义"传统，一个 17 世纪前的或早期现代科学（EMS）传统，在宗教哲学中仍有大量暗示，认为每一件单独的事物都与上帝的心灵有关，上帝是唯一真正的关系来源（哈曼的"鬼怪"❶），而在过去 230 年的西方哲学中，自主的、真正独立的客体被纳入一个很大程度上是关系主义的"经验"或"经验主义"的框架中，该框架要么否认、要么低估了真正的自主客体……"这个解决方案声称不需要有单独的实体，而只需要有关系"。（我必须承认，我知道没有任何关系本体论者提出过这样的主张。）如果我要夸张描述哈曼关于自主客体的形而上学，它们就像前苏格拉底时代的原子图像，像"台球"或虚空中的原子，但从不接触或连接，因此需要大量的空间来避免接触或"关系"。或者正如哈曼所说，"这个解决方案声称不需要有单独的实体，而只需要有关系。"❷

确切地说，哈曼选择了一种怀旧的、回归康德的本体概念或物自体不能被经验关系触及的概念。或者，用我的话来说，一种前现象学的立场，又是一种怀旧的回归。我没有提到他文章中关于现实主义、反现实主义的辩论或反物质主义的内容，这两种观点都是针对非分析传统的科学哲学家而言的，甚至是对许多当代科学哲学家来说，是怀旧的、对无关紧要的问题的回归。

然而，哈曼给了我很大的启发。正是他帮助我认识到，OOO 以及随后的一些思想流派，在某种程度上保留了主观心理

---

❶ Graham Harman，"Realism without Materialism"，*SubStance*，Vol. 40，No 125，2011.

❷ Graham Harman，"Realism without Materialism"，*SubStance*，Vol. 40，No 125，2011，pp. 70 – 71.

主义的精神哲学，这种哲学仍然渗透着对后现象学的感知和经验的抵制。请参阅下一节。

## 十二、思辨实在论

来自法国的一群哲学—科学思想家以"思辨实在论"的名义出现在当代舞台上，其中包括格雷厄姆·哈曼的剧烈反响。在 2007 年和 2009 年，在一所伦敦的大学——戈德史密斯学院举行会议，哈曼在两次会议中都有强大的影响力。毕竟，正是哈曼对 20 世纪中叶现实主义/反现实主义斗争的重新关注，以及他试图摒弃 21 世纪初对新唯物主义的兴趣，而这种兴趣激发了反关联主义、反关系主义，推动了许多实践转向对科学的重新解释。

许多思辨实在论团体都是由法国人组成。昆汀·梅拉索（Quentin Meillassoux）（"思辨唯物主义"），带有一种反哲学感觉的阿兰·巴迪欧（Alain Badiou）和弗朗索瓦·拉鲁埃尔（Francois Laruelle），以及英国虚无主义者雷·布拉西耶（Ray Brassier），他们认为宇宙是建立在虚无之上的。就我而言，我认为 OOO 和思辨实在论在很大程度上是对康德时代关于神灵（numena）及客体性概念的回溯（Throw - back），这是一个与人类无关的现实，因此巧妙地符合了反关联主义和反关系主义。如果哲学采取这种相反的方向，它将在实用主义和现象学发现新的经验之前就回到哲学本身。

## 十三、重新考虑"经验转向"

2001 年，布鲁克海文国家实验室的历史学家、科学哲学家罗伯特·P. 克里斯（Robert P. Crease）——一位少见的荷兰语翻译家——翻译了汉斯·阿克特韦斯（Hans Achterhuis）的《从蒸汽机到电子人：新大陆上的技术之思》，也被译为《美国技术哲学：经验转向》（*American Philosophy of Technology*：*the Empirical Turn*）。术语"经验转向"被接受了（我更喜欢"具体转向"，以避免与旧的英语经验主义和早期现代科学〔EMS〕的联系）。

阿克特韦斯是荷兰著名的技术哲学家，当时是荷兰一个大型哲学系的系主任，那里有许多技术哲学家（我经常开玩笑说，荷兰的人均技术哲学家比例比其他任何国家都多）。

事实证明，阿克特韦斯选择的六名美国人都是第三代思想家，其中四名都深受大陆思想家的影响，尤其是海德格尔的影响（阿尔伯特·波哥曼，休伯特·德赖弗斯，安德鲁·芬伯格和我），还有唐娜·哈拉维和兰登·温纳，他们属于其他传统和学科，来自生物学和政治科学。该书的开头引用了弗朗西斯·培根的《新工具》，阿克特韦斯说："所有六位哲学家都强调当代技术改变现实的力量……这六个人都从哲学上解释和分析了技术转变的深刻方式——并持续改变——社会网络和生命形式、人类需求和可能性，以及我们的身体和对自然的体验。"❶

他接着将自己第一次耗费9天时间乘船前往美国旅行的时间（20世纪60年代）与他在与六位作者写作该书的时间（在20世纪90年代通过电子邮件联系）进行了对比，并记录了技术的变化。然后，他将一种基本上是"先验的、往往是本质主

---

❶　Hans Achterhuis, *American Philosophy of Technology*：*The Empirical Turn*, Albany：SUNY Press, 2001；见 Hans Achterhuis, "Introduction", p. 2.

义的、有时是反乌托邦的"古典大陆技术哲学❶与他认为的六
种技术的"经验转向"进行了对比：❷

> 大约 20 年前，那些研究技术文化的新发展以及新技术
> 设计阶段的人对现有的、经典的技术哲学方法产生了不满，
> 这导致了一种可能被称为建构主义的经验主义转向。这种
> 经验主义的转变比早期在科学哲学中发生的转变更广泛和
> 多样化，特别是受到托马斯·库恩（Thomas Kuhn）著作
> 的启发，并与之有许多共同特征。❸

我建议读者继续阅读阿克特韦斯导言的其余部分，它们阐
述了新的"经验主义或具体主义"的技术哲学家的反传统
主旨。

---

❶ Hans Achterhuis, *American Philosophy of Technology*：*The Empirical Turn*，Al-
bany：SUNY Press, 2001；见 Hans Achterhuis, "Introduction", pp. 2 - 6.

❷ Hans Achterhuis, *American Philosophy of Technology*：*The Empirical Turn*，Al-
bany：SUNY Press, 2001；见 Hans Achterhuis, "Introduction", pp. 2 - 6.

❸ Hans Achterhuis, *American Philosophy of Technology*：*The Empirical Turn*，Al-
bany：SUNY Press, 2001；见 Hans Achterhuis, "Introduction", pp. 2 - 6.

# 第十章　人文和社会科学转向阐释学

## 一、人文和社会科学转向阐释学

　　狄尔泰会被我们甩在后面。克里斯蒂娜·拉冯（Christina Lafont）在 1999 年麻省理工学院出版的著作《阐释学哲学中的语言转向》（*The Linguistic Turn in Hermeneutic Philosophy*），主要是关于哈贝马斯的，声称阐释学本身已经变得更加语言化。我的观点是，它已经变得更加感官化——更加物质化——而狄尔泰，已经落后于时代。现在让我们短暂地绕道进入"大众科学"成像，一种进入有哲学倾向的思想和生活世界的"后门"。由于显而易见的原因，曼哈顿对退休的哲学家很有吸引力。我和妻子琳达，早就计划退休后到这个艺术、科学、教育和文化的中心，结果，我的 12 个退休朋友也在曼哈顿有公寓。其中三位是石溪大学的杰出教授：埃德·凯西（Ed Casey）在上西区；伊娃·基泰（Eva Kittay）就在我们上东区的对面，但在西边；还有在乡村的迪克·霍华德（Dick Howard）。没有一个人是科学哲学家，但在那些仍未退休的人中，有鲍勃·克里斯（Bob Crease）、洛伦佐·辛普森（Lorenzo Simpson）和其他人，另外一些人来自当地的大学，如新学院、福特汉姆大学、哥伦比亚大学和纽约大学。我并没有拜访所有人，但也拜访了一些，正如人们可能猜测的那样，我所说的"大众科学"的侵入性存在是显而易见的——主要是关于科学成像的咖啡桌读物：

- 计算机。

- 连同电视和笔记本电脑，将会有科学、动物和自然纪录片的音频，如果你想的话，还可以有高清夜间拍摄、特写、现实的天文学场景、水下、异国文化，等等。例如，如果你想，你可以观看卡西尼号太空探测器在视觉或声学上撞向或掠过土星环。你可以看到星系尘埃、黑洞、伽马射线或 X 射线的成像。

- 我清晰地记得与朱迪思·洛赫海德（Judith Lochhead）在我们位于长岛（Long Island）的起居室里用我的立体声设备举行了音乐研讨会，我错过了新几内亚高地微弱的潺潺流水声，才了解到我需要助听器。

- 简而言之，今天的城市或郊区生活有很多机会去成像和感知一个充满科学的世界。美国国家科学基金会（National Science Foundation）仅仅是为公共广播公司（PBS）提供的"娱乐"预算就比所有国家人文基金会（The National Endowment for Humanities）的预算都要多！

## 二、人文科学

我将从我自己的学科，哲学开始。请注意，在英语国家，哲学系被列入人文科学，但其他院系将其列入社会科学名单中，特别是那些科学哲学的专业——威拉德·范·奥曼·奎因（Willard Van Orman Quine）因声称科学哲学对所有哲学来说都足够好而声名狼藉。直到 20 世纪 70 年代中期，这类社会科学院系通常是实证主义或分析性的，主要关注逻辑、语言和语言转向。但自 20 世纪 70 年代中期的"多元主义起义"（pluralist revolt）以来，这种主流控制已经减弱。今天，美国哲学更信奉天主教和实用主义，第二大社团是 SPEP（现象学和存在主义哲学协会），其规模最接近美国心理学家协会（APA，American Psychological Association）的东方分部。

传统上，英语系和文学系（许多人的比较）是最大的人文学科系，主要以文本和语言为导向。

## 三、艺　术

大多数大学和文科学院都有一些艺术系，包括古典艺术、舞蹈、戏剧、音乐、表演艺术——今天许多都有"数字信息"的分支。艺术通常被认为离科学最远，但也经常受到科学家的青睐。

## 四、概　观

在担任系主任 8 年之后，我在 1985—1990 年担任石溪大学人文艺术学院的院长，我现在把自己纳入这些评论潮流中。这也是一个我在全世界旅行的时期，所以我能够体验到大量不同学院和大学的系统。我看到了人文科学在这个时期正在发生的巨大变化。我所了解到的大部分内容都反映在《后现象学：后现代背景下的文章》（1993）一书中，该书献给我的艺术和人文科学的同事。

我经历的时代是一个对人文科学多次攻击的时代，也是一个科学战争、极权攻击、英国的撒切尔、美国的林恩·切尼的时代，"大学内外的技术官僚"时代，但这也是一个创新和仪器前卫的时代。尽管 20—21 世纪成像科学爆炸式发展，但这也是民粹主义、极右翼政治、反气候以及反人文和反科学的开始。

这与我努力促进后现象学和物质阐释学的努力相契合。在一种可以被视为对人文科学的广泛攻击下，人们也可以发现社会科学的巨大变化。

- 如果我从社会科学最"物质的"层面开始，那么考古学和人类学的某些部分是第一层。这几乎立即受益于新的成像技术。20 世纪中期，1953 年，DNA 的发现（X 射线晶体分析法成像）引发了整个人类基因组计划，随后引发了世界移民和关系研究。与此相关的是，长期以来，测年仪器导致更多的人类移民被发现，人们看到工具和火实际上塑造了人体。

- 在考古学方面，我在这本书中提到了埋藏的金字塔、丝绸之路、城市的海底遗址证据，以及"超级巨石阵"的大量新证据，还有其他新揭示的与考古学相关的图像。

- 《科学》《自然》和其他相关杂志每周都会发表文章，宣传最新的"物质阐释学新闻"，包括心理学、社会学和各种社会科学的发现。

简而言之，作为学者的 43 年鲜活经验（其中 8 年担任系主任，5 年担任院长，5 年担任博士生导师），加上 50 个国家和地区的旅行经历形成以下观察：

- 在美国，语言经常首当其冲受到冲击——在公立大学，入学率通常是关键，在我的一生中，许多语言都在——不包括西班牙语——收缩。最常见的做法是结合使用"现代语言或欧洲语言"。在欧洲，苏联的解体标志着俄语在大片土地上消亡。

- 在人文科学中，"数字"人文科学经常在行政部门中流行起来，通常仅仅意味着技术化的人文科学。（我是在纽约州立大学从打字机到电脑的大规模转变时期担任院长的。在这个改变之前，你不能买电脑；在这个改变之后，你没有打字机。）

有时，在更多技术官僚的领导下，数字人工智能意味着尽可能被广泛地模式化。

●　从"二战"的大型科学项目开始，之后的曼哈顿计划，以及后来的人类基因组计划，学科间性（Interdisciplinarity）逐渐发展而跨越了学术领域。此外，还有失败了的超级对撞机，以及我们大学的物理学家大量转向医学领域现象。

●　20世纪，分析哲学在斯堪的纳维亚取得了巨大的成就——"二战"后通过抵制之前的德国哲学，其他一些国家也是如此。东欧大部分地区的地下运动与之前取代现象学和阐释学根源的地下运动相对应，并出现了"阐释学和科学"的地下运动。

●　在英国，在撒切尔的领导下，哲学系至少失去了120名教员。在撒切尔下台后，哲学系被更大的"应用伦理哲学系"所取代。

简而言之，在近45年的旅行中，人文科学和社会科学的概况与20世纪中叶明显不同。

## 五、风险和利益

有一点是肯定的，如果遵循关于"物质阐释学"的建议，尽管没有达到常规科学的规模，但人文科学和社会科学都将变得耗资巨大。900亿美元的超级对撞机，30亿美元的人类基因组计划，价值6000万美元的黑洞图像远不及今天估计的每一个用热释光测年技术检测物体的成本——3000亿—7000亿美元。在其他章节中提出的第二个保留意见涉及我自己的例子和从我自己的科学资源中挑选出来的变体案例，如《科学》《自然》和其他科学著作和杂志，即问题取决于科学家的品位。所以，我现在想做的是想象一些由人文主义者和社会科学家发起的例子，作为可能的项目：

- 我最喜欢的艺术家之一是格哈德·里希特（Gerhard Richter），他宣称他画的桌子——后来被酸和其他破坏剂彻底摧毁了——是他的第一张"成熟的画作"❶。我想去看——可能违背了艺术家的意愿——作为一个物质阐释学形式的艺术项目，他的绘画被科学再加工到它以前的状态。

- 一个已经完成的项目可能会在确定都灵裹尸布（Turin Shroud）制作时间时被找到。1988 年，牛津大学使用碳－14——这是可追溯到 5 万年前的"黄金标准"对裹尸布进行测定。结合美国道伯特法院的裁决，即科学必须对其结果有 95% 的把握才能在法庭上获胜，牛津团队将裹尸布的年代定为公元 1260—1390 年，并把它认定为中世纪的"赝品"，比耶稣时代晚了几个世纪，这一点在当时是意料之中的。（1968 年法国罢工结束后，我前往旅行，在存放圣徒尸身的不同地方发现了三个不同的托马斯·阿奎那的头骨。我怀疑人们能知道哪一个是真实的吗？事实上，识别和测定骨骼的日期对人文科学来说可能花费大量时间。）

- 社会科学领域有许多进展，例如认知科学、神经学的大脑研究，以及许多来自微观化学家的"脑汤"（brain soup）研究正在丰富这些学科，更不用说认知主义哲学家了。

- 一个与人类学和考古学有关的小任务是分清哪些是人类或灵长类的工具。事实证明，巴西的卷尾猴在长达 4 万年的时

---

❶ Catalogue；Sheena Wagstaff and Benjamin H. D. Buchloh，*Gerhard Richter：Painting After All*，New York：Metropolitan Museum of Art，2020.

间里一直在制作石屑，这些石屑长期以来被视为人类工具，甚至被视为早期人类到达南美洲的证据。结果发现，这些工具不是工具，相反，石屑被舔舐并打碎，这样卷尾猴就可以品尝石屑表面的味道。❶

● 历史学家应该发现物质阐释学有丰富的用途。无论什么样的物质来源都应该被检测，以向其提出质疑。我想我会提到最近读到的一些令人鼓舞的书，从本章节开始：《掀开〈圣经〉的面纱》（*The Bible Unearthed*，2001），该书中考古学家将通常的《圣经》研究转向考古学方向，寻找《圣经》形成的线索；《终有一死的海洋》（*The Mortal Sea*，2012），提出大西洋鱼类被捕捞殆尽之后发现海洋也会死亡；《1491》（2005），描绘了哥伦布之前的美国；《霍金公司》（*Hawking Incorporated*，2012），对霍金的多重化具身进行迷人描述；《世界的边缘》（*The Edge of the World*，2014）是沿着欧洲海上边界的故事；《采集者、农夫与大工业时代》（*Foragers，Farmers，and Fossil Fuels*，1960）是一本通过半狩猎—半采集者、农业和工业城市来研究人类学的老书。

因为对事物及其日期的质疑是相对较新的，除了乐器，在工厂和瀑布等嘈杂的地方，许多人不会意识到新的声学的可能性。但今天，有时科学领先，有时是艺术领先，我们可以更开放地听到事物可能要"说"什么。海洋、公园和城市一起变得嘈杂起来。

最近的一项发现——这与罗伯特·沙尔夫的观察结果基本一致，即奥茨新成像的所有发现都让人质疑以前关于早期人类

---

❶ "Whose Tools Are These?"，*Scientific American*，January 2017，pp. 11–12.

的所有信念——新的测年仪器，例如光释光法（OSL）如何揭示了巨石阵附近地下的古老结构。❶ 仅仅是日期就改变了所有的考古学知识。例如，新世界在许多方面都比旧世界更古老。

❶ *Economist*, July 11, 2020, p. 64.

# 第十一章 后现象学附言：重新审视生活世界

## 一、科学和生活世界

物质阐释学的基本论点是，把成像技术引入科学实践已经发生了变化，通过技术媒介，人类感知和经验得到了增强，但在不同的科学形态中有不同的方式。17 世纪的早期现代科学（EMS），主要是通过光学作为媒介，确实改变了人类的生活世界。从天空开始，主要是以伽利略的新世界为例。后来，更缓慢的是，通过显微镜的生物学微观世界（起初仅限于简单的视觉显微镜）揭示了以前从未被感知或经历过的微观特征，并导致了 19 世纪的晚期现代科学（LMS）。LMS 产生了新的感知和经验，以抽象的电磁波谱（ems）为例，其产生了全新的成像仪器，成像范围远远超过简单的光学，通过可感知和可体验的现象的剧烈变化，可以形成从伽马波到无线电大小的现象的多感官的宏观和微观特征。这种更新的成像技术只在 20 世纪和 21 世纪的后现代科学（PMS）成像中被创造，它们都随着科学进化，改变了我们的世界、我们的身体和自我。或者如果我们使用现象学和后现象学的术语——我们的生活世界。事实上，我一直认为，如果说科学不会或不能改变我们的生活世界，这是荒谬的。这种过时的经典现象学偏见直到今天仍然使许多经典现象学家变成"牛顿主义"而非"爱因斯坦主义"。由于相对论，正如爱因斯坦在他的身体实验中反复展示的那样（思想实验）是经验性的。这参见彼得·盖利森的《爱因斯坦的时钟和庞加莱地图》（*Einstein's' Clocks and Poincare's Maps*，2003）。长期以来，我一直觉得经典现象学对生活世界中的科学的偏见是荒谬的，在这里我坚决反对偏见。当经验改变我们的世界时，我们对那个世界的经验也在改变。经典现象学家埃德蒙德·胡塞尔和莫里斯·梅洛-庞蒂都否认了科学成像技术可以改变人类感知和经验的生活世界的说法。我将分别回应。

## 二、埃德蒙德·胡塞尔

我的大部分评论都可以在重印的《胡塞尔的缺失技术》（*Husserl's Missing Technologies*，2015）❶ 的章节中找到，标题为"胡塞尔的伽利略需要一个望远镜"，因为胡塞尔在他著名的《危机》（1936）❷ 中对伽利略的深入分析就好像伽利略没有使用望远镜来完成他最重要的发现，而只使用了数学。从表面上看，这一点很奇怪，因为胡塞尔本人长期学习天文学，因此他个人对这种仪器非常熟悉。诚然，胡塞尔对科学史或技术史不是很了解，因此，他可能不熟悉伽利略对望远镜的看法，包括他在《星际信使》❸ 中的吹嘘，吹嘘望远镜显示了亚里士多德和《圣经》都不理解的东西。如果胡塞尔接受了科学通过工具获取新知识的实际实践，这种"贬低"科学为次要的和非全体

---

❶ Don Ihde, "Husserl's Galileo needed a Telescope", in *Husserl's Missing Technologies*, New York：Fordham, 2015, pp. 35 –58.

❷ Edmund Husserl, trans. David Carr, *The Crisis in European Science and Transcendental Phenomenology*, Evanston：Northwestern University Press, 1970.

❸ Galileo Galilei, "On Telescopes", in Ihde, *Husserl's Missing Technologies*, New York：Fordham, 2015, p. 70.

感知的观念是不可能发生的。

我想在这里补充的是，胡塞尔错过或者不同意他的年轻竞争对手马丁·海德格尔在《存在与时间》（1927）❶中关于"在手"（presence－at－hand）的讨论。海德格尔描述了一个工匠"知道如何"的技能，因为海德格尔对乡村生活的怀旧的热爱，他把使用工具（著名的"锤子"分析）作为一种特殊的"知识"，即"在手"。胡塞尔似乎从来没有认识到这种经历。胡塞尔于1938年去世。如果我对死亡时间的描述是正确的，这意味着他的死亡时间是（a）早于解释科学的实践转向，尽管大多数学者确实认为他的《危机》和《几何学的起源》确实预见了后来的"实践转向"的一些见解。但是（b）几乎没有证据表明他非常认真地对待工具仪器（见我的《胡塞尔的缺失技术》[2015]）。这在他对望远镜缺乏关注方面显得尤其严重，他作为天文学家期间显然接触过望远镜，甚至与他的这些经历——关于眼镜的研究漫长而又常常令人沮丧——密切相关，但胡塞尔从不关注科学或任何工具仪器。

### 三、莫里斯·梅洛－庞蒂

梅洛－庞蒂确实和其他人一样，特别是迈克尔·波利亚尼（Michael Polyani），他将"知道如何"的知识——就像骑自行车的技能一样——描述为一种习得的"隐性知识"。波利亚尼和梅洛－庞蒂经常被看作认识到这种熟练的实践经验的先驱。梅洛－庞蒂的《知觉现象学》（1945，法语）也包含这种例子——他的盲人手杖、女性帽子上的羽毛、停放的一辆车，都是在距离中

---

❶　Interview in Denmark，4/S，2012. Robin Engelhardt.

体验触觉的例子，后来被认知主义者，如安迪·克拉克（Andy Clark），各种分析哲学家，如大卫·查默斯（David Chalmers）、我和其他人引用。与梅洛－庞蒂不同的是，胡塞尔从未意识到"知道如何"或者上手（readiness－of－hand）的知识和手艺，当我重读梅洛－庞蒂的《知觉现象学》的引言时，我感到困惑，因为他十分坚持胡塞尔对科学的先验和非工具性的误解。

### 四、感知的多元文化和多稳定性

早在胡塞尔时，现象学就开始意识到"全身感知"（whole－body perception）是人们接触世界的途径。从早期的现象学来看，全身感知是主要的。胡塞尔将变更（variational）方法作为现象学进行分析的关键，随后后现象学作了一些修改。如果说有什么区别的话，那就是我有一种激进的变更方法。首先要打破经典现象学早期留下的有关"本质"的两三个变更理论障碍。这发生在第一版《实验现象学》（1977），并通过第二版《多稳定性》（2012）扩展了它的例子。1977 年，我使用了当时被称为二维图形的东西，视觉心理学家非常熟悉，他们花了数千页篇幅分析二维图形，比如奈克方块，它可以被看作三维的，有时是对一维的反转，通常被解释为有一个二维的"疲惫的主题变更"。我展示了所有的奈克方块的变化，它至少有 5 个同样可感知的变化，"六层披萨"版本有更多，也就是说，"多稳定性"可被感知为应用现象学变更的简化结果。1977 年，我并没有意识到理查德·罗蒂的新实用主义对他 1979 年的作品《哲学与自然之境》和 1981 年《实用主义的后果》的反本质主义和非基础主义的影响。更重要的是，它最终导致了我在瑞典出版的《非—基础现象学》（1986）和《后现象学：后现代背景下的文章》（1993），它取代了"非基础"术语。1977 年以后，我开始在更复杂的现象中发现多稳定性，包括导航实践、媒体 – 生成的"多元文化"或《技术与生活世界》（1990）中的一种超多元文化（hyper – multiculturality），所有这些都将在这里成为更激进的后现象学变体。

　　然而，让我先从多数的、读者可能更熟悉的例子开始，因为在第一个例子中，一些实际的音乐会和录音可以用于音乐变体。喉咙歌唱（喉唱）❶几乎颠覆了所有不同文化中的和声。接下来是一点有趣的事情，早在我在研究生院时就开始的，引起了更流行的文化案例来展示实际的人类学进化的变化。我的第一个喉唱的例子是一张佛教黑胶唱片，来自麻省理工学院休斯顿·史密斯（Huston Smith）的多声部单曲歌手。这张唱片里有一段佛教的圣歌，所有僧侣都以单声道齐唱，然后一个歌手用泛音爆发出复调和声（这也是我后来在听到单弦乐器时所经历的，带有葫芦共鸣器的非洲乐弓中产生的泛音。）。

　　● 今天，有蒙古、图马（Thuma）（或鹿河［Deer River］）和西伯利亚的多民族喉唱音乐会，都是独唱歌手的多声部和声，多达五种不同的风格。女喉唱歌手最近加入了男性的传统，并在许多主要城市举办巡回音乐会。

　　● 我在第九章中提到过安玛丽·莫尔（Annemarie Mol）关于"Likker"的作品，或者用手来品尝。目前的神经学已经发现通过微成像技术，人类的味蕾到处都有，尤其是在我们手上。

---

❶ 喉唱是一种特殊的声音技巧，也称为"喉音唱法"或"喉部共鸣唱法"。它是指通过调节喉部肌肉的收缩和松弛，使空气流过喉咙时产生共振，从而发出独特的声音。——译者注

• 南太平洋的航海家已经学会了感受深水波❶，与深水波保持节奏来识别方向，即使当地风暴因为上层混乱的波浪而混乱，也没有罗盘或其他西方仪器进行校正。我在飞往大洋洲时，经常能观察到太平洋的主要波形。

• 科学已经开始检测微观化学中的多稳定性——5～13种双原子厚的自组织薄膜。❷

• 我们现在有数万亿个星系，有13种独特的形状，最常见的是螺旋形，但也有双层、圆形和其他形状。

• 现在，有七种无穷大的数学类型。

• 同样，在自然界中，5～13种多稳定性被公认为是在各种化学科学中的物质形式。

• 2～4种形状的河流和湖泊污染模式也是多稳定性的。

所有这些例子都涉及来自多种文化或科学的极端的经验—感知实践。它们都是极端的多稳定性。所有这些都是可学习的、可重复的，并且都是具体化的，但如果涉及人类或动物，则会有不同程度的初学者到大师的造诣。这些变化是独立于现象学产生的。然而，它们表明，许多人类实验的感知变化超出了普通和传统的限制。在离开后现象学激进的变化之前，我想随着时间的推移，包括一些"有趣的技巧"，我的思想在深思熟虑、经常训练、练习中得到了发展。在很多情况下，我发现我已经"重塑"了其他学科和实践在其他领域使用的经验实践。

---

❶ 深水波是指在水深为无限的水域中传播的表面波。实用中通常定义为水深大于二分之一波长的水域中传播的表面波。深水波传播速度只取决于波长，而与水的深度无关。——译者注

❷ Peter Galison, *Einstein's Clocks*, *Poincares's Maps*, New York：W. W. Norton & Company, Inc., 2003.

- 在阅读印刷文本时使用的"白河图案"（视觉）。这些图案最明显、最容易显现为"白色曲线"河状图案，尤其是在单间距印刷文本中。我最初是通过散焦视力来观察它们的，后来才知道这是一种以前熟练的编辑熟知的做法。许多编辑不喜欢此类太明显的图案，并通过各种间距、居中、调整印刷安排来减少或消除这种影响。

- 《倾听与声音》于1972年在英国伊斯灵顿创作，1976年在美国出版，在研读它时，我做了很多听力实验，包括很多回声定位练习。我会用拍板来拍打一个煎锅，在家里四处走，试图从回声中了解到什么，我发现我可以很容易地学会探测墙壁、坚硬的物体等，但不能探测沙发、床或柔软的事物。我的孩子们觉得"爸爸疯了。"但后来我观察到了盲人——更具灵敏的回声定位，其中一个人可以骑自行车，并在骑自行车时感应到直径3英寸的杆子。后来我会在石溪大学的走廊里的现象学课上讲授回声定位。

- 另一个实验是去参加许多种泰晤士河南岸的音乐会，我在听各种音乐的同时，故意改变胡塞尔的时间跨度"前摄/滞留"（protention/retention）时间表。我发现，如果我专注于音乐和弦的攻击性或极端的前摄时刻，然后作为一个变体来听它的"衰减"滞留，音乐听起来就不同了，在极端情况下，会产生类似于"异视错觉"（Cross－eyedillusion）的听觉效果。回到美国后，我咨询了石溪大学一位优秀的音乐专家同事，我得知这种影响在历史上已经被创作成某些音乐片段，因此我重新发现了作曲家的一个听力变体。

- 然后，在刻意学习解构某些视觉错觉时，特别是运动中事物的错觉，例如影片中的错觉，马车车轮似乎向后转动，或者螺旋桨移动太快，以致创作者无法看到单个的叶片。我学会了在一定限度的范围内振动我的舌头，使我的头部（和眼睛）接近胶片间隙的运动速度或道具的速度，错觉会消失。所以轮子的错觉会逆转，或者螺旋桨叶片会出现。（后来，我把这个解构技巧教给了一个分析哲学家同事，并取得良好的效果！）

- 同样，文艺复兴时期的"透视法"创造了很容易被伪造的艺术立体感的自负，因为它显示了多种立体感是如何被不同程度地感知的。例如，一个位置显示了不同的立体感变化。只有站在祭坛前的正确位置，"基督圣徒"才能看到祭坛最高的一种立体性。或者特别是只有在适当的身体距离处，才会看到莫奈大教堂、睡莲或风景的丰富深度。如果距离太近或太远，三维深度就会消失。

- 另一个例子是，我曾经作为俄亥俄州立大学全息摄影展览的主讲人，反复地站在一个女性的全息摄影前，她3D技术形成的手似乎伸出了框架，我通过眯着眼睛、散焦、做各种感知变形，她的手突然变成了一系列红色的点。我向物理学家身份的主持人描述了这一点，并向他展示了如何达到这个结果——他很惊讶——解释了变化是如何创造用于制作全息摄影的微观化学光的颜色的。

- 所有这些变化都是有趣的例子，有人可能会说是扭曲或极端的变化，它们改变了感知，是多稳定性的例子。

在更深的层次上，这显示了关于后现象学的多稳定性。正如目前为止所证明的，这一方面即是"任何事物都是相对论"的一种限制，虽然所有的奈克方块或二维图形都可以在后现象学上显示出超过普通视觉上的两三种变体，但人们不能把一个奈克方块看作任何其他事物，比如天鹅、猪或独角兽。另一方面，在实验现象学中所显示的五种或更多可证实的变化极大地丰富了普通的观点。到目前为止，这种可变性的科学版本似乎超过了 13 种，所以有点像电磁波谱（ems）。多稳定性有限地限制和扩展了可变性，且都在一个范围内扩大了可变性。我怀疑这个范围与人类和动物的具身限制有关。

# 第十二章　重新定义起源：
## 冰期的科学和月历

### 一、冰期科学

什么是科学？或者说，科学是从什么时候开始的？如果科学，至少是对自然界中模式规律的认识，是对某些人类实践的可重复性和有用性的总结，那么根据我从科学在仪器中的物化过程中解读科学的实践，能找到的关于"原始科学"（protoscience）的最早证据是最早的月历——从一幅冰期的洞穴壁画中发现的，最古老的一幅画（见图 12.1），距今 3.2 万年。这个月历，"口袋大小"，便于携带，旧石器时代在世界各地非常典型。在法国和德国的冰期洞穴中，这种月历可以追溯到距今 2.2 万年，甚至可以追溯到距今 3.2 万年，日本、印度和印度尼西亚也发现了类似的时间模型，它们都是在石头、骨头、鹿角和其他硬质材料上面描画而成。亚历山大·马萨克（Alexander Marshack）是哈佛大学皮博迪博物馆馆长，他是发现 29 天月球周期象征模式的先驱，并自 1964 年至 20 世纪 90 年代发表了一系列研究成果。[1] 我与牛津大学的人类学家兰波斯·玛拉

---

[1] Lunar Calendar, by Alexander Marshack, 1970, *Notation dans les Gravures du Paleolithique Superiere*, Bordeaux, Delmas/Don's maps.

傅斯（Lambros Malafouris）一起出版了一本同样属于牛津大学的《哲学与技术》特刊（2020）。玛拉傅斯证实了马萨克作品的首要地位，但也表明，此种象征模式的解释现在可以追溯到更早的时候（如第七章所述的布隆博斯洞穴）❶。但无论如何，便携式月历在旧石器时代已经被知道并被使用。

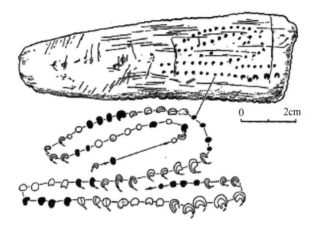

**图 12.1　最古老的月历**

来源：www. nasa. gov/black—holes. 公共领域图像。

我想在这里想象一下，在制作一个月历之前，必须进行的一系列相当长的实践。首先，很可能天文学是第一个人类的实践行动，我在这里称为前科学或原始科学。这让我们意识到非常早期的人类一定观察过天空，这一点也不奇怪，因为天空显示出很多的模式。旧石器时代所注意到的早期星座就包含了重要的动物，有牛、熊、狮子等。人类的观察揭示了月球的各个

---

　　❶　参见第七章。布隆博斯洞穴，旧石器时代艺术遗址（艺术是比科学更早的人类实践）。

阶段。许多人类文化都意识到马萨克发现的 29 天的模式。一个简单的计数重复了在世界上许多地方发现的时间模式，在马萨克的例子中，冰期洞穴从 3.2 万年前开始，月球的这些不同阶段重复出现，并且可以计数，以识别前科学或原始科学。就是这么简单。

令人惊讶的是，（a）这个原始科学是如此古老；（b）许多月历被设计得小而便携；（c）因此同时也是一种每个人都可使用的工具，一种标记 29 天重复模式的科学工具。此外，还有太阳历（月球历更早），在大多数情况下与迁徙的人群有关，可能是被用于狩猎活动的工具。我也认为，这表明，（a）科学比以欧洲为中心的"主流叙事"认为的 17 世纪的早期现代科学（EMS）更早发生；（b）这样的原始科学已经使用物质对象、工具——月历作为仪器；（c）这表明从早期开始，科学已经是技科学；（d）旧石器时代的月历表明，科学可以通过它的仪器或技术来解释。简而言之，我呼吁重新考虑科学的起源，旧石器时代的月历是非常古老的技科学的证据。

## 二、对古代工具的后现象学幻想

我现在想在标志性技术的变化上做一个简短的绕道——月历、阿舍利手斧、苹果手机——展示在科学—技术成为技科学时的一些东西。自从《技术与实践》出版（1979）以来，我就接受了海德格尔式的观点，即技术先于科学，而不是相反。这种富有想象力的转变显示了这一点：我发现的最古老的变体是阿舍利手斧，它可以追溯到大约 180 万年前，与直立人（Homo erectus）有关。直立人也处于 180 万年前，是智人（homo sapiens）第一个"现代"人类祖先，智人今天被认为距今 30 万—

20 万年。人类的历史，一旦涉及智人，就开始变得复杂，因为丹尼索瓦人（Denisovan）和尼安德特人（Neanderthals）共存了至少 10 万年，从距今 40 万年前开始。这也是阿舍利工具的终结时期，使得手斧的技术保质期为 140 万年。尼安德特人和丹尼索瓦人有不同的工具。

### 三、阿舍利手斧

我们没有对使用中的斧头进行"眼球"式观察，所以我们必须推测，但似乎很清楚的是它有多种用途：它锋利的边缘使它被用于刮削，比如把动物的肉从毛皮上剥下；或者进行切割，比如切小树枝；或者进行挖掘。早在 1984 年，我记得读到一篇人类学研究的推测，认为它可能被用作投掷武器，像铁饼一样扔向鸟群或激起小波浪。每一种用途都是可行的，狩猎采集者的实践也证实了类似的多种用途。在后现象学上，我称为多稳定性——在这种情况下是有限的（见下文与手机的对比），但在任何情况下——一种古老的"瑞士军刀"，有多种但有限的用途。

### 四、手机，20 世纪

另一个多稳定性的工具是当代手机，它跨越了几个世纪，直到现在。它的多重用途远大于石斧。顾名思义，手机或移动电话是向世界任何地方发送和接收语音的"电话"，甚至可以连接到网络、无线电和星际连接器，另外，它可以通过互联网使用文本或书面信息。加上相机、计算器和其他功能，设备就会被无限地大量使用。它甚至可以当作投掷性武器，尽管与斧头式的铁饼相比，效果微乎其微。"瑞士军刀"的隐喻性成倍增加，并在许多当代电子或数字技术的设计中被使用。

## 五、其他多稳定性的技术

我已经在其他章节中指出了多用途的技术。这些用途从单一用途（镰刀用于割谷物）到组合（割谷物加上收集谷物）到轧棉机（目前有三四种分离用途），等等。或者，如海德格尔的锤子或石墨铅笔，可能会有意想不到的用途（锤子作为谋杀武器，铅笔作为法庭武器）。这表明所有的技术都具有"多稳定性"，而不局限于单一用途。如果是这样的话，不需要做太多就可以看出任何与技术打交道的行为都会给预言和伦理带来问题。

## 六、原始科学

如果便携式月历是物质工具——旧石器时代的科学仪器——还可以看出它们在旧石器时代的感知（观察）的形成过程中如何发挥作用。长期以来，我一直认为，即使是旧石器时代的科学，也必须结合人类的感知和物质性。首先需要某种形式的记录技术。由于3.2万年前还没有文字书写技术，马萨克识别的29天周期必须由图形成像。其次需要一些物质技术来"标准化"这个模式。我现在确实知道石圈可能有多么古老，其在旧石器时代看起来也是有可能的。众所周知，石圈很早就在天体周期中发挥了作用，并在月历构造中发挥了作用，因此在早期天文学中也发挥了作用。这是考古学或原始科学，远晚于阿舍利时期或早期石头的工具技术（阿舍利时期至少可以追溯到140万年前）。最古老的月历至少可以追溯到3.2万年前，远早于公元17世纪的早期现代科学（EMS）和科学的标准观点。用我的话说，这些日期证实了海德格尔关于科学和技术的推测，以及我之前在《技术与实践》中对海德格尔立场的接受。再加上我的"没有仪器－技术就意味着没有科学"，我们将得出"科学一直都是技科学"。

# 第十三章　保罗·利科：从语言转向物质阐释学

　　我将首先从自我的经历开始，因为我是一本关于利科的英语著作的第一作者，《阐释学现象学：保罗·利科的哲学》(*Hermeneutic Phenomenology：The Philosophy of Paul Ricoeur*，1971)。它是对我1964年的博士论文《保罗·利科的现象学方法论和哲学人类学》(波士顿，1964)的一次彻底修订。1967—1968年，我在巴黎创作了这本书，这无疑是决定性的一年。这本书是我今天所说的"普遍大陆哲学"的试验，是对一位伟大的大陆哲学家的系统解释和阐述，它可能成为一个标准的职业，因为我后来又发表了九篇与利科相关的文章，我本可以成为一名"利科学者"。

　　其次，我也是今天经常被引用的第一部英文技术哲学著作《技术与实践：技术哲学》(波士顿科学哲学丛书，里德尔，1979)的作者。这是后来众多关于技科学著作的第一本，也是我后来作为专业技术哲学家最显著的经历。总之，出版这些书的资历无疑激发了写作一部关于利科的著作的热情。虽然我热情地接受了这个挑战，但随后又退缩了，同时也有一些严重的疑虑随之而来：技术哲学家应该做什么？基于现象学和阐释学哲学的长期背景，它们今天被修改为后现象学，我的简短回答是，一个技术哲学家首先必须转向"事物本身"(出于胡塞尔现象学)或前沿的技术与人(technology - human)的关系和中介。

按照这个标准，利科完全不像一个技术哲学家。我想补充说，直到晚年，他对科学哲学也不感兴趣。我从多年关于利科的研究中——从博士研究到很久以前的我的专著和文章——学到了什么，显然，利科是一个深刻的现象学者，他也属于 20 世纪伟大的阐释学家族，如汉斯－乔治·伽达默尔、马丁·海德格尔和利科本人。最重要的是，他是阐释学历史的描述者（以文本语言形式），他职业生涯的大部分时间都在处理辩证（诊断学）的阐释学现象学，涉及弗洛伊德主义（以及其他怀疑阐释学，如马克思和尼采）、分析语言哲学、许多社会－政治主题，尤其是复杂的作为他者的自我。他的著作几乎没有提及技科学，尽管在晚年，他与法国神经学家让－皮埃尔·尚热（Jean Pierre Changeux）的相互陪伴和交流，最后将两人之间的讨论以《什么让我们思考?》（*What Makes us Think*?，1998）为题发表。尽管利科对神经学的兴趣仍然与他的自我概念有联系，国际生物哲学论坛（International Forum of Biophismy）最终为尚热与利科颁发了早期的"金欧律狄斯奖"（Golden Eurydice Awards）（很久之后，我在 2013 年也获得了该奖项）。我保留了对利科的评论，即在一个如此关注大脑的日子里（尤其是在大型科学奖项研究中），他无法体验自己的大脑。

所以，我的第一个反驳只是一个简单的常识：如果一个哲学家对一个主题没有表现出精心安排的兴趣，为什么要尝试让他（或她）产生这样的兴趣呢？但我也有一个更深层次的担忧。我完全同意一本书的编辑和美编的观点，即技术现在如此普遍，深刻地影响了所有人的生活，我们，特别是哲学家，需要反思这种普遍的现象。这正发生在今天的一个广泛的领域。

今天，有许多风格的技术哲学，人们必须在其中添加大量来自各种学科的新思想。我经常写关于出现在新科学社会学家之间的"关系本体论"的文章，如英国SSK的"巴斯学派"、布鲁诺·拉图尔和米歇尔·卡伦的"行动者网络理论"，以及唐娜·哈拉维、伊夫林·福克斯－凯勒和桑德拉·哈丁等人的各种女权主义批评。随着"科学研究"的兴起，所有这些都在经历一次实践转向，重新解释了科学，将科学的形象从过去的、基本上是实证分析的科学概念转变为更加强调实验室实践、仪器的作用，包括彼得·盖利森从微观物理学到客观性的出色工作。

然而，我也看到了自己所认为的"难以实现的目标"的出现，我首先要道歉，因为我在这些倾向上批评了我的许多朋友。尽管如此，我还是要在这里大胆地提到一些问题：

● 技术哲学在当今学术界是不平等的。正如可以预期的那样，它们主要是在高度技术化的地方被发现。我有时会开玩笑说，技术哲学家最集中的地方是荷兰，因为正如一位荷兰哲学家曾经指出的那样，荷兰实际上是由技术建造的。今天，它正在为不断上升的海平面做准备。北欧、北美，以及最近的亚洲和拉丁美洲也加入了这一行列。

● 我不会对包括"思辨实在论""物导向本体论"或新的"唯物主义"在内的大量技术哲学进行深刻的评论，所有这些都已经出现在出版物上或者会议上。我已经在第九章评价了这些竞争者。

● 有几个运动，我称为"海德格尔的复仇"运动，大多还是集中在欧洲。2010年，我出版了《海德格尔的技术：一个后现象学的视角》。这本书认为，虽然海德格尔显然是技术哲学的主要"发明者"，也是唯一最受关注、至今仍在评论技术哲学的人，但他以工业技术为模型的版本现在已经过时了，今天他主要的巨型技术被数字和微技术取代。然而在 2018 年，荷兰奈梅亨的哲学家们举办了一场激烈的研讨会，主题是伯纳德·施蒂格勒（Bernard Stiegler）和我之间的辩论。施蒂格勒的理论或许是法国在技术哲学上最重要的声音，但在海德格尔哲学意义上，他仍然具有非常强烈的"先验性"（一般来说，技术是技术的"本质"），而我是一个激进的反本质主义者，与那些采取汉斯·阿克特韦斯（Hans Achterhuis）所说的"经验转向"的人同一阵营。在我看来，"先验主义者"大多是形而上学的，经验主义者更为实用主义。

● 我认为，"海德格尔的复仇"的另一个版本是一个"人类世"（Anthropocene）群体的出现，该群体通常也以荷兰的大学为中心，将深受人类技术影响的气候变化概念视为主要的"海德格尔式的恶托邦"，从而再次表明它对恶托邦技术哲学的影响力。

● 第三个有多种来源的新兴方向是，试图将技术哲学与我称为"语言转向"的哲学联系起来，包括保罗·利科和路德维希·维特根斯坦（Ludwig Wittgenstein）。这里最著名的两位哲学家分别是大卫·卡普兰（David Kaplan）（基于利科）和马克·科克尔伯格（Mark Coeckelbergh）（基于维特根斯坦），他们的名字将为我们的读者所熟知。

我认为，对所有这些当代运动来说，密切分析具体技术的重点任务是"难以实现的目标"。因此，与其在这一章的剩余部分进行否定的批评，不如转向认为它是一组间接的可能性，并将阐释学作为分析基于科学的物质阐释学的一种手段。很长一段时间以来，我一直认为，在文化上，科学实践倾向于"视觉主义"。在《扩展阐释学：科学中的视觉主义》（1998）中，我认为科学创造了一种深刻的视觉主义阐释学，并认为"全身"或多感官的解释将丰富科学。我今天仍然保持着这一信念。接下来，我将使用科学中不断增长的发声实践中的一些有前途的例子。

## 一、物质阐释学

我的《扩展阐释学：科学中的视觉主义》是 1993—1998 年的一系列欧美会议的成果，这些会议形成了阐释学和科学学会（SOHS）。它起源于匈牙利。每个人都记得，在 1989 年东欧剧变之前，东欧几乎所有的哲学都是马克思主义，庞大的哲学系向所有学生提供有关马克思主义的课程。我们大多数人都不知道——在匈牙利——许多哲学家，尽管在地下，却在研究和讨论阐释学，特别是在科学方面。因此，这些秘密的阐释学哲学家出现了，并于 1993 年在匈牙利的维斯普雷姆组织了第一次 SOHS 会议，邀请了欧洲和美国的以阐释学为导向的科学哲学家。我的同事罗伯特·克里斯（Robert Crease）和我受邀，其中两个最杰出的欧洲人是卡尔 – 奥托·阿佩尔（Karl – Otto Apel）和达格芬·弗洛斯达尔（Dagfinn Føllesdal）。

在会议期间，很明显，大多数欧洲哲学家都坚持我所谓的"狄尔泰鸿沟"，即自然科学（一种说明方法）与社会科学和人文科学（一种理解方法——主要是阐释学的）在方法论上有深刻的差异。我的印象是，这次会议的一个中心是希望看看阐释学是否有任何科学用处。事实证明，许多美国人不再笃信狄尔泰鸿沟，最后我与阿佩尔和弗洛斯达尔的观点有很大分歧。阿佩尔强烈认为，科学可能存在一种"社会学"，但并不是阐释学。会议请我最后做总结，我将其命名为"扩展阐释学"，后来在1998年的那本书名中对此进行了充实。我在书中指出，由于我认为这是一场科学如何产生新知识的"成像技术"革命，科学必须在实践中，在解释图像的需要上已经是阐释学的了。实际上，这是为了产生"物质阐释学"，我现在来谈谈它。

## 二、模　型

科学历史学家早就认识到，在一些科学中，关于模型实际上存在着几个世纪的斗争。例如，数学家经常就数学家是否应该使用模型展开"柏拉图主义"和"非柏拉图主义"的斗争——数学史上两种例子都有。三维模型存在于科学博物馆中，有时会被谴责模型的数学家精确地建立和使用。今天，这种争论通常以是否应该使用计算机生成的合成模型的形式出现。

有很多著作（我没有出版过此类著作，但认为可视化在科学和艺术中都有共同的用途），如《从视觉到洞察力的科学：科学家如何说明意义》（2014）❶，追溯了科学主导的视觉主义对图表、简图以及多重图像痴迷已久的历史。大多数人指出，这样的图像和模型是逃避文本或语言中心主义的，而支持意象主义的视觉主义。如果科学是阐释学的——我认为它是——那么它的阐释学在很大程度上是意象主义和视觉主义的。但是，要"阅读"或解释这样的意象表格、图表或图像展示，就需要发展一种熟练的解释阐释学风格。我在这里引用两个例子来说明

---

❶　Alan G. Gross and Joseph E. Harmon, *Science from Sight to Insight*：*How Scientists Illustrate Meaning*, Chicago：University of Chicago Press, 2014.

对科学史这方面的认识。首先，哈佛大学历史和科学哲学教授彼得·盖利森出版了杰作《图像与逻辑：微观物理学的物质文化》（1997）。在书中，他声称——与数学和模型文化没什么不同——物理学有两种文化：一种是逻辑计数文化，另一种是意象文化。他的案例研究是 20 世纪的微观物理学，在其中他展示了"视觉学家"，一组使用气泡室来识别亚粒子，另一组使用云室来追踪相同亚粒子的轨迹。每个人都必须发展视觉技能来进行识别，但在这里，一旦学会了，一个"啊哈"瞬间的识别就可以被认为是充分的证据。"计数器"怀疑任何单一的图像，并依赖于盖革计数器等仪器，可以显示多个"计数"作为证据。作为对科学史的第二次识别，我观察了后现象学人类学家凯瑟琳·哈塞，她也在研究物理学家如何学会"看到"他们所看到的东西，特别关注物理学中的女性，并在 2008 年出版著作《物理学的文化模型》。我将跟随物质阐释学中熟练的图像观察者进行研究。

　　什么是物质阐释学？在我的《扩展阐释学》（1998）中，许多文章回顾了利科的著作，这些文章首先概述了语言阐释学的历史，从早期的大型神圣文本（《圣经》文本）解释扩展到人文科学中更广义的解释模式，在马丁·海德格尔和汉斯－格奥尔格·伽达默尔（以及保罗·利科本人）的作品中，随着阐释学的普及而达到发展高潮。利科的科学的视角一直是现象学的，主要是语言文本。《扩展阐释学》的隐喻受制于利科对阐释学的理解。虽然我不认为利科是一个特别的"狄尔泰者"，但作为一个现代的"阐释学普遍主义者"，狄尔泰显然符合利科式的阐释学史，至少在社会科学和人文科学方面是如此。在《扩展阐释学》中，我呼吁消除"狄尔泰鸿沟"，并提出一个论点，表明所谓的后现代科学已经是深刻的阐释学了，因为它需要通过图像解释来产生知识。下面我从最近几个影响科学和技术哲学的变例开始：

- 如前所述，20世纪末对科学的解释，包括科学的新社会学、女权主义批评、"科学研究"的出现和技术哲学的"经验转向"，这些主要在美国背景下，都有共同的"相互关系本体论"特点，即重点从古典科学哲学中主要是语言和逻辑的理论成果转向更具体的实践。但也有一种新的对物质性的敏感性，这种敏感性通常位于科学的"技术"中，而"技术"主要是科学的工具。我在《工具现实主义》（1991）中注意到了一群作者的出现——彼得·盖利森、帕特里克·希兰（Patrick Heelan）、休伯特·德赖弗斯、罗伯特·阿克曼（Robert Ackerman）、伊恩·哈金（Ian Hacking）、布鲁诺·拉图尔和我自己——都用仪器的例子来解释科学是如何发现和产生新的知识的。

- 20—21世纪也见证了新成像技术的革命性扩张，从而能够在整个电磁光谱范围内成像，这是前所未有的。我经常注意到，20世纪20年代无线电天文学的偶然发明之前，所有的天文学都是视觉上的，并且被限制在肉眼感知的频率范围内。无线电天文学揭示了来自天空黑暗部分的辐射。后来，从无线电天文学中的长波到伽马波的纳米波的辐射都成为可能。这导致一个完全不同的天体"世界"，早期现代科学对它完全未知，直到1924年，还没有中子星、脉冲星、黑洞或重力波，只有一个星系。因此形成的观点是：新的成像技术第一次打破了对天空的视觉认识，永远改变了我们所理解的天体领域。

- 虽然现在电磁波谱（ems）覆盖的整个范围内都可以成像，但如果从20世纪中叶开始再增加计算机层析扫描技术，我们就不可能拥有现在所拥有的那种成像。计算机处理图像最常见的例子来自太空探索。如果卡西尼号太空探测器最近故意碰撞土星表面，"想"向我们展示这颗独特星球的复杂光环，它不能直接向地球发送照片，而是必须转换成二进制数据传输，但没有人可以"读"二进制数据。所以，在原驻站收到数据后，计算机就会把数据变成一张照片图像。这种数据/图像转换可以是双向的，是我所谓的后现代科学的一个全新维度。因此，在天文学中，位于蟹状星系中心的脉冲星只能在电磁波谱（ems）的X射线中成像，而在大脑扫描中，可以使用多组图像（CT扫描、核磁共振、功能磁共振、PET扫描）来创建一个脑肿瘤的三维图像，这两种使用数据/成像来显示现象的方式完全不同。

从这个非常简短的描述中，我希望人们可以看到，许多当代科学（现在是后现代科学）是一种实践，其技能是解释性的，即阐释学的。通过训练后的观察力，让我们可以看到蟹状星系或脑瘤。越来越新的仪器在更大更复杂的世界中带来了越来越多的媒介体验。我的一个特别兴趣涉及艺术家，他们也是科学家，与声音有关。现在，这项技术越来越多地被应用于科学实践（参见我的《声学技术》[2015]一书）。利用磁强计、激光探测和测距或一系列新的成像技术对地下或树木覆盖层进行的成像技术，最近才为我们带来了墨西哥8600座被埋藏的金字塔、古代中国丝绸之路长期未被发现的支路、柬埔寨的新城市、超级巨石阵——一个被埋藏的"巨石阵状"结构，比英国的巨石阵大5倍——我还可以继续说下去。由于这种阐释学的科学，我们的世界正在发生根本性和彻底性的变化。然而，这些探测尽管沿着完整的电磁波谱（ems）成像发展，但都不是语言或文本的。如果我们更多地关注"事物如何说话"，我们所有的"历史"都会被改变、丰富，并需要一种专业的身体—感知风格的解释方式。

# 参考文献

[1] Achterhuis, H. (1992), *De Maat Van de Techniek*, Baarn: Ambo.

[2] Achterhuis, H. (1997), *Vanstoomachine Tot Cyborg*, Baarn: Ambo.

[3] Bolster, J. (1963), *Mortal Sea*, Cambridge: Harvard University Press.

[4] Coser, Lewis (2001), *Refugee Scholars in the U. S.*, New Haven: Yale University Press.

[5] Crease, R. (2001), *American Philosophy of Technology: The Empirical Turn*, Bloomington: Indiana University Press.

[6] Fowler, B. (2011), *Ice Man*, Chicago: Chicago University Press.

[7] Gallileo Gallilei (1610), *Sidreus Nuncious*.

[8] Gallileo Gallilei (1638), *Two New Sciences*.

[9] Gallison, P. (1987), *How Experiments End*, Chicago: Chicago University Press.

[10] Gallison, P. (1997), *Image and Logic*, Chicago: Chicago University Press.

[11] Gallison, P. (2017), *Einstein's Clocks and Poincarre's Maps*, Chicago: Chicago University Press.

[12] Gross, A. and Harmon, J. (2013), *Science from Sight to Insight: How Scientists Illustrate Meaning*, Chicago: Chicago University Press.

[13] Ihde, D. (1979), *Technics and Praxis*, Dordrecht: Reidel Press.

[14] Ihde, D. (1971), *Hermeneutic Phenomenology*, Evanston: Northwestern University Press.

[15] Ihde, D. (1990), *Technology and the Lifeworld*, Bloomington: Indi-

ana University Press.

[16] Ihde, D. (1991), *Instrumental Realism*, Bloomington: Indiana University Press.

[17] Ihde, D. (2010), *Heidegger's Technologies*, New York: Fordham University Press.

[18] Ihde, D. (2015), *Husserl's Missing Technologies*, New York: Fordham University Press.

[19] Ihde, D. (2019), *Medical Technics*, Minneapolis: Minnesota University Press.

[20] Ihde, D. (2022), *Material Hermeneutics*, London: Routledge.

[21] Kant, I. (1971), *Anthropology from a Pragmatic View*, Evanston: Northwestern University Press.

[22] Keller, E. F. (2001), *Year of the Gene*, Cambridge: Harvard University Press.

[23] Keller, E. F. (2002), *Making Sense of Life*, Cambridge: Harvard University Press.

[24] Kuhn, T. (1962), *The Structure of Scientific Revolutions*, Chicago: Chicago University Press.

[25] Larson, B. (2015), *Ice Man*, Chicago: Chicago University Press.

[26] Nosko, W. and Heim, M. (1993), *The Otzi Forgery*, Hamburg: Rohwalt.

[27] Verbeek, P. P. (2005), *What Things Do*, University Park: University of Pennsylvania Press.

[28] Verbeek, P. P. (2011), *Moralizing Technology*, Chicago: Chicago University Press.

[29] Verbeek, P. P. and Rosenberger, R. (2015), *Post Phenomenological Investigations*, Lanham: Lexington Books.

# 索 引

说明：本索引的编制格式为原版词汇＋中文译文＋原版页码

# 译后记：物质阐释学的诗学意义

20世纪60年代对物质性（materiality）研究的兴趣，部分来源于物质技术领域。分析哲学和技术哲学的"经验转向"[1]，将关注重点从语言逐渐转向具体实践，物质性问题变得敏感起来。同时，技科学（technoscience）的进一步发展，强调"许多科学实践在功能上都是阐释学的"[2]，科学哲学无法回避阐释学，且阐释学可以通过关注技术得到扩展。[3] 20世纪末发生的"事物转向"（turn to things），对物质性的关注也有愈演愈烈之势。阐释学与实证主义二元对立（hermeneutics – positivism binary）导致的"狄尔泰鸿沟"[4]，在对物质性的关怀中被解构。物质、事物与诗学的交互影响，彰显出现实主义和唯物主义在人文和人类科学领域的回归。

在此背景下，美国"技科学"阐释学家唐·伊德拒绝接受"狄尔泰鸿沟"，认为某些类型的解释活动（广义的阐释学）是

---

[1] Hans Achterhuis. American Philosophy of Technology：The Empirical Turn ［M］. Robert P. Crease，Trans. Bloomington：Indiana University Press，2001：Viii.

[2] Don Ihde. Expanding Hermeneutics：Visualism in Science ［M］. Evanston：Northwestern University Press，1998：4.

[3] Don Ihde. Expanding Hermeneutics：Visualism in Science ［M］. Evanston：Northwestern University Press，1998：3 – 4.

[4] 张进，蒲睿. 论"狄尔泰鸿沟"［J］. 西北师大学报（社会科学版），2021（5）：40 – 48.

自然科学和人文科学的共同特征。在对科学研究和女性主义科学进行批评后，伊德提出了"扩展阐释学"（Expanding Hermeneutics），强调实践、仪器和实验室等物质而非理论的重要性。他声称，在科学中使用的仪器和技术以阐释学的方式运行。研究早期，他试图展示物质文化、工具、技术等是如何通过人与技术的关系被带到人类经验中的。20 世纪七八十年代，伊德更加关注技术在科学以及文化情境中的作用，并基于现象学和阐释学来探讨技术哲学问题，考察"具身性"（embodiment）❶ 如何在仪器中被暗示（imply）出来。1998 年以后，他从仪器扩展到更复杂的技术阐释学问题，突出了阐释活动中的物质性，认为物质阐释学是"技科学"领域诸多实践活动的特点。进入 21 世纪，经过伊德和其他学者的共同努力，物质阐释学实现了从单纯的自然科学向人文或人类科学的"跨越"，逐步演变为一种普遍适用的阐释学说❷，也为诗学研究提出了新的参照范式。唐·伊德是物质阐释学的重要代表人物，理解其物质阐释学的内容和意义，在某种程度上也就掌握了物质阐释学发展演变的最重要、最精髓的面貌。同时，让我们意识到诗学研究需要增强伊德所言的物质性阐释实践。

---

❶ 伊德的"具身性"概念既延续了法国哲学传统，用身体概念替代了精神概念；也采用了美国实用主义哲学传统，用经验概念来充实身体；同时抛弃了身体的先验规定，如不可还原、知觉的基础等。本书用具身译法来表现技术对身体的嵌入以及对经验产生的影响，用体现译法表现技术对非人事物的嵌入和影响。

❷ 张进，王红丽. 物质阐释学：一个概念史［J］. 福建师范大学学报（哲学社会科学版），2022（5）：92－104.

## 一、物质工具的阐释作用：让事物说话

基于技术和跨学科研究方法的物质性阐释实践经历了从技科学、后现象学到事物阐释学、物质阐释学的变化。技术哲学的"经验转向"以来，后现象学本身经过了技术调节（technologically mediated），因此难以直接、真正地掌握技术的本质。伊德在现象学研究中，对马丁·海德格尔的技术概念进行批评，拒绝了海德格尔对整体技术（technology at large）的悲观观点，从调节概念发展了"技科学"。正是基于技科学，他发现了自然科学本身具有阐释学传统。1998 年前后，伊德在对物质技术（成像技术）的阐释实践中，发展出"事物阐释学"（Thingly Hermeneutics；Hermeneutics of things），并与保罗·利科的阐释学现象学拉开距离，从文本阐释学转向物质阐释学。

### （一）人与技术的经验性关系

伊德在《技术与实践：技术哲学》（1979）中系统关注了技术哲学问题[1]，强调了"仪器"（instruments）的重要作用。该书认为仪器或工具（tools）不是一种"对象"（objects），而是人与环境或世界互动的方式。由此，人与技术的关系变成了一种经验性 – 行动关系（experiential – actional relations），技术

---

[1] Don Ihde. Technics and Praxis：A Philosophy of Technology［M］. Dordrecht：D. Reidel Pub. Co. ，1979：103. 伊德在 1971 年开始使用的"技术哲学"概念，与当时美国哲学的背景有关，而且对《技术与实践：技术哲学》一书中"实践"的理解是基于物质性要素进行的。"事实上，唯物主义的秘密就在于实践的概念。"（Don Ihde. Technics and Praxis：A Philosophy of Technology［M］. Dordrecht：D. Reidel Pub. Co. ，1979：xxiv.）也正是如此，伊德认为物质性嵌入在科学技术和仪器的使用上，阐释学可以在此基础上得以扩展。

是身体－知觉（bodily－perceptual）发现新现象的方式。在这个维度上，伽利略的望远镜成为转化和增强视觉的调节手段，并因此发现了新现象，使托勒密的地心说转向了哥白尼的日心说。在此，伊德关注较多的是技科学和后现象学中成像技术的阐释效果，他把成像作为一个技术嵌入科学的例子，揭示了世界实用的、工具的"上手状态"（Zuhanden）❶，解释了在人与世界的关系中，技术工具如何传达了人类体验和解释世界的方式。

这种思路在《技术与生活世界：从伊甸园到尘世》（1990）一书中得到延续。伊德开始在技术的文化情境中，系统地重构有关技术的框架和问题，关注了科学和技术与人类文化经验的联系，尤其是在多元文化背景中，试图避免技术解释中的乌托邦和"敌托邦"的极端倾向。他认为："技术是我们在环境中以各种方式使用的那些物质文化的人工物。"❷ 这种技术概念不仅是宽泛的，而且是具体的和经验性的。工具只有被使用才能成其所"是"，正是在使用中，其属性变成了人与技术相关性的一部分。伊德把人与技术之间的生存关系概括为四种：具身关系、阐释学关系、它异关系和背景关系。当技术与世界结合在一起时，人与世界的关系就是阐释学关系，即人－（技术－

---

❶ 海德格尔对上手状态事物（上手事物）的探讨，集中体现了海德格尔的"物性"之思。（牟方磊. 海德格尔的"物性"之思：阶段、特点与意义 [J]. 湖南师范大学社会科学学报，2022（5）：121－128.）伊德从中找到灵感，并认为上手事物本身是技术嵌入的，是居于此在生活世界中的、经验性的技术物。上手事物位于人与世界之间，既是调节人类经验的中介，也是解释世界的一种方式。

❷ ［美］唐·伊德. 技术与生活世界：从伊甸园到尘世 ［M］. 韩连庆，译. 北京：北京大学出版社，2012：1.

世界）。❶ 在阐释学关系中，工具使世界在感知中显现，世界被转化为技术"文本"❷，而文本是可阅读且需要阐释的。

在这种技术文本的形成过程中，"诠释学关系所实现的转化恰恰是通过文本和所指之间的差异而发生的转化。所需要的是特定的一组文本清楚的知觉，这种知觉可以'还原'为直接可读的东西"。❸ 正因如此，技术事实是材料本身已经经过各种转化的物品，技术属性在使用情境中获得了意义。❹ 比如，温度计应用了圆柱管中水银的物理性质，而刻度则非同构地（nonisomorphic）展示了温度，作为可视的温度文本（刻度）和所指（温度）之间是非同构关系。对温度的"阅读"是通过温度计进行的，是"阐释的阐释"，这样的物质连接及其所指，揭示出新的阐释关系。物质阐释学突出了阅读过程中物质连接的重要性，世界以物质技术文本的方式显现。这种阐释学关系，特别是那些远离了知觉同构而产生的视觉文本，将提供更多的、超出语言文字文本记载的信息。

## （二）技术建构的阐释学框架

在阐释学关系中，物质技术潜在地具有灵活性。伊德认为

❶ ［美］唐·伊德. 技术与生活世界：从伊甸园到尘世［M］. 韩连庆，译. 北京：北京大学出版社，2012：77–130.

❷ 伊德所理解的"文本"不同于传统阐释学的文本，尤其是语言文字文本。文本阐释学是基于"语言符号"模态，而物质阐释学则是基于"具身感知"模态进行的。（张进. 从"文本阐释学"到"物质阐释学"［J］. 中国文学批评，2022（4）：137–146.）

❸ ［美］唐·伊德. 技术与生活世界：从伊甸园到尘世［M］. 韩连庆，译. 北京：北京大学出版社，2012：93.

❹ ［美］唐·伊德. 技术与生活世界：从伊甸园到尘世［M］. 韩连庆，译. 北京：北京大学出版社，2012：74.

这种灵活性就像在语言的各种用法中的灵活性一样，主张用多稳定性（multistability）❶ 的期望去接近经验。不同于解读文学作品，阅读物质技术文本保持了某种对阅读的指示或阐释学的透明性。也就是说，阐释集中在技术文本上，而不是技术仪器本身。它关注的是温度计上水银指示的刻度而不是温度计本身。通过此类物质技术文本，可以把阅读到的东西转化为可感知的范围，所以借助阐释学关系，我们仿佛能够将自己置身于任何可能的不在场的情形中来理解。❷

伊德把阐释学视为科学内部的核心方法之一，以此来解构"狄尔泰鸿沟"。在对"事物性阐释学"/技术建构主义的研究中，伊德借鉴了约瑟夫·劳斯的阐释学方法和布鲁诺·拉图尔的建构主义，指向他所称的科学中的"技术建构"。伊德所言的仪器现实主义（instrumental realism）的技术建构，产生了"事物阐释学"，即在当代科学中的一种阐释学认识论。其结论是，当代科学已经超越了早期的现代主义框架而在一个建构主义阐释学框架中运作。❸ 技术建构重新打开了事物阐释学或技术建构主义的空间。

---

❶ "多稳定性"指任何技术都可以用于多种用途，并且以不同的方式对不同的用户有意义。同时它也指出，设备的物质性将潜在关系（potential relations）限制为某些确定的用途和意义（uses and meanings）。换言之，一项技术不能简单地意味（mean）着任何事，也不能简单地被用来做（do）任何事。只有一些关系在经验上是稳定的。多稳定的技术（a multistable technology）具有多种"稳定性"（multiple "stabilities"）或"变体"（variations）。（Robert Rosenberger，Peter - Paul Verbeek. Postphenomenological Investigations：Essays on Human - Technology Relations ［M］. Lanham，Boulder，New York，London：Lexington Books，2015：25 - 26.）

❷ ［美］唐·伊德. 技术与生活世界：从伊甸园到尘世 ［M］. 韩连庆，译. 北京：北京大学出版社，2012：97.

❸ Don Ihde. Thingly Hermeneutics/Technoconstructions ［J］. Continental Philosophy Review，1997（3）：369 - 381.

在此阶段，伊德并未使用"物质阐释学"术语，但已经把对现成物、工具（锤子、手杖、帽子上的羽毛等）的解释扩展到了技科学的研究实践中。基于阐释学在科学实践和技术建构方面的作用，伊德将其运用到对科学的阐释学的恢复中。这种研究方式反映在其系列论文和《扩展阐释学：科学中的视觉主义》❶（1998）中，"扩展阐释学"把解释活动引入"技科学"，试图以阐释学的术语来构建对科学实践的理解，以确定科学实践的阐释学维度。伊德将利科关于文本阐释的独特传统应用于物质的阐释，以科学中的视觉主义为切入点，分析了科学技术文本的物质性对技科学阐释学的重要作用。这接续了埃德蒙德·胡塞尔"回到事物本身"以及意向性的某些观念。在后现象学的诸多发展中，他将"多稳定性"作为真正现象学方法的口号，视其为认识论和本体论的准则，❷ 认为我们应该带着发现"多稳定性"现象的期望去接近经验，这也是经验关系反复强调的。

## （三）让事物"说话"或变得"可视"

科学实践不仅需要测量、量化以及数学化的分析，也需要

---

❶ Don Ihde. Expanding Hermeneutics：Visualism in Science ［M］. Evanston：Northwestern University Press，1998. 该书是从 1993 年开始逐渐形成的，是伊德参与一系列欧美的阐释学和科学学会（SOHS）的结果，起源于在匈牙利的思考。伊德认为，科学存在一种阐释学，在解释科学实践中的成像技术时，它已经是阐释学过程了。后来，伊德明确提出，"扩展阐释学"是为了引出"物质阐释学"。( Don Ihde. Material Hermeneutics：Reversing the Linguistic Turn ［M］. London and New York：Routledge，2022：126. )

❷ Robert Rosenberger，Peter–Paul Verbeek. A Field Guide to Postphenomenology ［A］//Robert Rosenberger，Peter–Paul Verbeek. Postphenomenological Investigations：Essays on Human–Technology Relations. Lanham，Boulder，New York，London：Lexington Books，2015：9–41.

对"事物本身"经验关系的解读，这种经验关系往往通过仪器对初级感知（primary perception）的技术扩展进行。❶ 伽利略正是通过技术仪器（望远镜）扩展初级感知（裸眼观察），得到了一种调节性的和仪器性的"真实"。同样，诸如二氧化碳、臭氧之类的对象，也可通过技术，在仪器上显现为可感知的物质实体（material entities）。正是此类技科学实践将世界调节为技术文本，让我们可以"直接"阅读。只是后来技术被提升到形而上的视觉模式，反而使科学成了一种技术。实际上，正如技科学提倡的那样，科学是技术化的体现（technologically embodied）。❷《扩展阐释学》的副标题"科学中的视觉主义"，即是为了突出这种区别和联系。

同时，伊德认为，阐释学关系表明，"指示物（referent）由数码、数字或有序的结果调节，结果与所指项目本身不是同构的"。❸ 比如温度计的读数被输入计算机，然后经过数学分析并最终形成图形或视觉图像，用以确定温度及其变化轨迹，数据图像与现实温度是非同构的关系。阐释学关系是指与身体同构性（bodily isomophism）（包括空间和时间因素）相差很大的关系，它更像"文本"或"语言"，而不是像身体（body - like）。❹ 把阐释学引入技科学，展示了科学如何通过把事物变

---

❶ Don Ihde. Expanding Hermeneutics：Visualism in Science ［M］. Evanston：Northwestern University Press, 1998：53.

❷ Don Ihde. Expanding Hermeneutics：Visualism in Science ［M］. Evanston：Northwestern University Press, 1998：54.

❸ Don Ihde. Expanding Hermeneutics：Visualism in Science ［M］. Evanston：Northwestern University Press, 1998：58.

❹ Don Ihde. Expanding Hermeneutics：Visualism in Science ［M］. Evanston：Northwestern University Press, 1998：95.

成科学对象来实现"事物阐释学"。因此，实验室不仅作为铭文的抄写场（scriptorium）为科学文本的出现做了准备，而且是使事物（科学对象）变得可读的地方。❶ 藉此，技术建构得以发生，并为物质阐释学提供了对象。

在《扩展阐释学》中，物质阐释学的讨论是围绕仪器的技科学实践形成的。维贝克认为《扩展阐释学》是物质阐释学提出的大纲。他认为伊德基于对莫里斯·梅洛－庞蒂和利科作品的研究发现，阐释学不应仅指向语言，也应该指向解释的感知方面。❷ 2006 年，伊德在北京大学开展了有关后现象学和技科学的系列讲座，后结集出版为《让事物说话：后现象学与技术科学》❸，这是对"扩展阐释学"的进一步细化。伊德从欧洲现象学和阐释学以及美国实用主义传统中，发展了后现象学。他认为后现象学用具身性代替了主体性，这样就把早期哲学中的身体/精神问题变成身体/身体问题（这也是梅洛－庞蒂所做的工作）；而且把现象学置于具体的和身体的环境中进行研究，也回应了存在主义和实用主义的一些问题。❹ 由此产生的阐释学，不是文本阐释学，而是物质性的阐释学（hermeneutics of materiality），一种让"事物"去"说"或者变得"可视"的阐

❶ Don Ihde. Expanding Hermeneutics：Visualism in Science ［M］. Evanston：Northwestern University Press，1998：149 – 150.

❷ Peter – Paul Verbeek. Material Hermeneutics ［J］. Techné：Research in Philosophy and Technology，2003（3）：91 – 96.

❸ ［美］唐·伊德. 让事物说话：后现象学与技术科学 ［M］. 韩连庆，译. 北京：北京大学出版社，2008. 2006 年伊德访问北京大学并进行了 5 次演讲，该书收录的 4 篇文章是伊德的讲稿。2009 年，该书英文版由纽约州立大学出版社出版。

❹ Don Ihde. Postphenomenology – Again？［Z］. Working Papers from Centre for STS Studies，Department of Information & Media Studies，University of Aarhus，2003：11 – 12.

释学。❶

尤其是那些产生非同构图像的技术，如当代断层扫描（contemporary tomography）技术可以把数据转换成图像或把图像转换成数据，这一过程是一个编码量化过程，伊德称之为"阐释学"，更准确地说是物质阐释学，因为它构成了来自物质的意义。❷ 这种非同构性的视觉图像是经由设备转译而来的一种与原来事物非同构的物质形式。它不仅建立了理解事物的新方式，而且就像文本一样，只有受过专业训练的人才能对其进行"阅读"。

## 二、理解人类科学的新方法：具身阐释

物质阐释学研究的"问题都是由观察借助于物质化的手段（工具手段）提出来的。物质性在双重意义上充溢着自然科学：一种是在所研究对象的形式上，另一种是在研究得以进行的工具模式上"。❸ 在伊德研究路径上，自然科学是从现象学阐释学出发的，有关感知、实践和具身问题的讨论。❹ 某种程度上，他所谓的人文和人类科学包含了自然科学。伊德努力把物质阐释学（用科学工具制造知识）❺ 扩展到更广泛的人文和人类科

❶ Don Ihde. Postphenomenology – Again？［Z］. Working Papers from Centre for STS Studies，Department of Information & Media Studies，University of Aarhus，2003：17.

❷ Don Ihde. Husserl's Missing Technologies ［M］. New York：Fordham University Press，2016：83 – 84.

❸ ［美］唐·伊德. 让事物说话：后现象学与技术科学 ［M］. 韩连庆，译. 北京：北京大学出版社，2008：103.

❹ Don Ihde. Expanding Hermeneutics：Visualism in Science ［M］. Evanston：Northwestern University Press，1998：39 – 41.

❺ ［美］唐·伊德. 让事物说话：后现象学与技术科学 ［M］. 韩连庆，译. 北京：北京大学出版社，2008：107.

学领域，试图发展出一种与文本阐释学不同的阐释方式。

## （一）可具身的阐释学技术

在伊德的论述中，仪器引发的调节性感知和裸眼感知虽然有不同的标准，却有互动和重叠，都通过具身来塑造当代生活世界的纹理。❶ 这与人文和人类科学研究有共通之处。在传统文学观念中，作家通过对物质的感知、描述、叙事来塑造自己和当时的世界。通过阅读欧洲中世纪一位罕见的百科全书式思想家提乌·曼利厄斯·塞维林·波爱修（Anicius Manlius Severinus Boethius）的作品，可以发现"波爱修的文本为中世纪晚期读者提供的物质阐释学：这是一个思考世界变化的机会，与他们自己对物质商品（material goods）的特殊使用、他们自己不断变化的审美以及他们亲眼看到的相应变化有关"。❷ 近些年兴起的"物叙事"研究，也彰显了仪器或工具在语言文字叙述中的作用。

在更广泛的人文和人类科学视域中，物质阐释将产生新的、独特的理解视角。梅迪纳认为，物质阐释学是理解政治科学的新方法。他聚焦于物质性以及人类行为的物质背景，在政治科学实践中看到了统计图作为工具与文本阐释相似的作用。这既体现在阅读和解释实践中，也体现在具体的政治实践的空间和流动性（motility）中，不同的政治行为在物质阐释学解释中变得可以理解。其理论出发点是"物质符号行动者"（material –

---

❶ Don Ihde. Expanding Hermeneutics: Visualism in Science [M]. Evanston: Northwestern University Press, 1998: 157.

❷ Andrea Denny – Brown. Fashioning Change: the Trope of Clothing in High – and Late – Medieval England [M]. Columbus: the Ohio State University, 2012: 55.

semiotic actor）嵌入复杂的语言和文本意义以及物质性的具体秩序中。❶ 例如，我们既可以通过阅读语言文字接触到书籍文本中的"世界"，也可以将书籍作为物质对象，揭示出关于印刷与制作的历史。

在这种意义上，统计图不仅可以解释具体化的政治活动，尤其是立法活动，而且可以揭示政治的体制、机构、建筑、雕塑等历史。解释任务总是与任何参与者或行为的物质、符号维度的确定有关，将注意力转向行动者的物质性方面，研究的关系或现象至少可以引导我们进行更精确的解释。❷ 但这不是要取代文本阐释学，而是要增强社会科学家解释社会事件的能力，并扩展阐释学的内涵。某种程度上，该研究对应了泰勒·兰塞姆（Tailer G. Ransom）和肖恩·加拉格尔（Shaun Gallagher）强调的"体制的批评理论"❸——物质实践是必要的社会实践，它塑造了人类认知过程和社会互动等行为。

实际上，考古学、人类学、物质文化研究等领域都包含了物质阐释学实践。某种程度上，伊德早期的物质阐释学是一种自然科学的"考古学"，因为考古学不仅把工具当作解释的对象，而且在对那些超出人类感知的艺术实践进行"看"或"听"时，还需要借用物质工具（material artifacts）进行解释。后来，经过维贝克、梅迪纳、凯瑟琳·哈塞（Cathrine Hasse）、

---

❶ Leandro Rodriguez Medina. Material Hermeneutics in Political Science：A New Methodology [M]. Lewiston, Queenston, Lampeter：The Edwin Mellen Press, 2013：2.

❷ Leandro Rodriguez Medina. Material Hermeneutics in Political Science：A New Methodology [M]. Lewiston, Queenston, Lampeter：The Edwin Mellen Press, 2013：8 – 9.

❸ Tailer G. Ransom, Shaun Gallagher. Institutions and Other Things：Critical Hermeneutics, Postphenomenology and Material Engagement Theory [J/OL]. AI & SOCIETY, [2023 – 03 – 10]. https：//doi. org/10. 1007/s00146 – 020 – 00987 – z.

玛拉傅斯以及伊德等人的发展，物质阐释学逐渐成为关注物质文化和技术具身的阐释方式，即"物质阐释学处理被物质文化和技艺以具身化方式解释的艺术"，❶ 即一种具身化感知模态的阐释方式。

## （二）实践活动的物质性

在纪念利科百岁诞辰之际，伊德发表了《物质阐释学序曲》的演讲，认为物质阐释学隐喻地来看是一种通过新的科学成像技术"让事物说话"的解释方式，并指出这样的物质阐释学也许会取代由利科改良的常用语言 – 文本阐释学（linguistic – textual hermeneutics）。❷ 实际上，无论是早期现代科学、文艺复兴艺术，还是当代科学，都存在物质性的解释痕迹，这证明了物质性和技艺阐释实践的重要性，它们经常被以语言阐释模式为核心的研究所忽视。

《物质阐释学：反转语言转向》（2022）整理了有关物质阐释学的理论和实践案例，揭示了物质阐释学对语言转向的"反转"，并在对现象学的修正中关注到了物质阐释学的批判性、解释性活动。书中指出，物质阐释学可转化或转译人文和人类科学实践，让其进入我们的感知范围，并强调了物质性在意义和知识生产及转化过程中具有重要作用。

首先，当没有语言或文本证据时，物质让事物说话。物质生产知识的方式随着技术的变化而变化，对物质证据的阐释能

---

❶ A. K. Tripathi. Erratum to：Culture of Sedimentation in the Human – Technology Interaction ［J］. AI & Society, 2016（2）：233 – 242.

❷ Don Ihde. A Prelude to Material Hermeneutics ［J］. Acta Baltica Historiae et Philosophiae Scientiarum, 2020（2）：5 – 20.

力和技术发展水平正相关。伊德根据技术水平的高低，把对奥茨冰人的研究分为业余爱好者时期、物质对象时期和物质阐释学时期。直到物质阐释学时期，奥茨冰人及其工具、周边环境等物质才被相对准确地"还原"，成为历史知识。那些无法被裸眼直接识别的事物，如肠胃内的花粉等，可以通过技术成像，用物质阐释学的方式揭示奥茨死亡前后的状况。❶ 物质阐释学可对无语言文字记载的事件进行揭示并解释。

其次，对事件的早期解释是局部的，主要与历史和文本证据有关，物质阐释学可对其进行修正、补充。一方面，对文化事件进行更加物质性的分析，赋予事物一种"声音"，改变或至少丰富了叙述。❷ 文字记载中，维京人入侵了英格兰，他们是强盗、掠夺者、纵火犯和文盲（illiterate），但是物质阐释学注意到了他们的造船技术、地方观念和语言系统。这表明维京人也是商人、法律制度的引入者和迅速同化到撒克逊文化中的移民。物质阐释学揭示了文字记录的片面性，并以某种方式表明了一些与其相矛盾的现象。❸ 从文字记载得来的固有认知，被物质阐释学瓦解，历史得以重新"书写"。而且，在对物质进行阐释时，物质阐释学揭示的文明先后顺序与语言文本记载相异。例如，科罗纳多对印第安人的"征服"常被认为是文明对野蛮的征服，但在物质阐释学视域中，凭借系列物质证据发

---

❶ Don Ihde. Material Hermeneutics：Reversing the Linguistic Turn ［M］. London and New York：Routledge，2022：17 – 36.

❷ Don Ihde. Material Hermeneutics：Reversing the Linguistic Turn ［M］. London and New York：Routledge，2022：12.

❸ ［美］唐·伊德. 让事物说话：后现象学与技术科学 ［M］. 韩连庆，译. 北京：北京大学出版社，2008：111 –112；Don Ihde, Material Hermeneutics：Reversing the Linguistic Turn ［M］. London and New York：Routledge，2022：37 – 42.

现，印第安的文明历史要比所谓的征服者更加悠久、丰富。这再次说明了物质阐释学可修改经由语言文字叙述的历史。另一方面，即使器物上的文字无法被识别，其物质材料也能借助物质阐释学"说话"。在回答文明为何崩溃这一问题时，物质阐释学能提供不同的视角。如古巴比伦灭亡的原因大多归于战争，但通过对楔形文字板物质材料（硅藻）的物质进行分析发现，两河流域的农业灌溉系统使土地盐碱化，破坏食物供应，而导致了文明崩溃。所以，文明崩溃的原因不仅是战争，也可能与不合理的灌溉系统有关。

随着技术的发展，越来越多的实践行为需要物质阐释学进行解释。比如，探测雷达发现了"超级巨石阵"，可用于理解中世纪的文化。激光雷达（LiDAR）、穿透的视觉技术等，发现了被埋藏的金字塔、城市和丝绸之路的各个支路痕迹。同时，技术工具本身在物质阐释学的帮助下会"说话"，我们可借此检查、验证历史叙述的真实性，并修正、丰富历史知识。由此，在阐释学传统中被长期忽视的物质性再次进入阐释学视野，并以物质阐释学之名实现了前景化。

## （三）技艺术：重组的艺术形式

伊德认为，可视化在科学和艺术中有相似的用途，并从物质阐释学的角度把艺术命名为"技艺术"（technoart）❶。物质技术嵌入艺术之中，艺术的形成、发展、流通等都与技术交互影响。物质阐释学对技艺术作品及其技艺进行解释，强化了物

---

❶ Don Ihde. Material Hermeneutics：Reversing the Linguistic Turn ［M］. London and New York：Routledge，2022：78，127. 伊德认为艺术中包含了技术，艺术是技术嵌入的。物质阐释学把对艺术实践的阐释集中在其材料和经验的转变上。

质性在艺术作品意义生产过程中的重要性。

一方面，技艺术作品本身可被物质性地解读。比如在维苏威火山爆发中遭受严重破坏的手卷文本，可以用纳米显微成像技术恢复对其的阅读。在马蒂斯和毕加索的画作中，物质阐释学借用技术将重叠画层逐一成像，发现了作画顺序所反映的主题变化，以及物质材料赋予画作的独特性。这展示了画家们的绘画状态、社会关系以及某些难以直接表达的诉求。❶ 另一方面，创作作品的技艺也可被物质性地解读。如南非的布隆博斯洞穴，技术把调色板和绘画工具包从物质形态转化为数字形态，将其纳入人类的感知及知识结构中，确定其日期为距今 10 万年，从而提供了关于前现代艺术实践的新知识。❷ 文艺复兴时的绘画艺术和暗箱技术息息相关，经过技术转换的现实世界被画家绘制成画，产生了"现实主义"的绘画风格。

另外，以数字技术为技艺的数字阐释学，也是一种物质阐释学。❸ 在这种研究路径上，数字技术是一种书写技术，而书写不仅仅是技术上的事实，更是阐释学行为，是物质阐释学活动。❹ 它不是一系列"死"的符号，而是"活的物质"（living matter），它有自主性，能够让我们发现世界上的新事物。只是物质阐释学在文学文本研究中几乎消失了，但在数学语言和软

---

❶ Don Ihde. Material Hermeneutics：Reversing the Linguistic Turn ［M］. London and New York：Routledge，2022：67 – 77.

❷ Don Ihde. Material Hermeneutics：Reversing the Linguistic Turn ［M］. London and New York：Routledge，2022：78 – 86.

❸ Alberto Romele. Digital Hermeneutics：Philosophical Investigations in New Media and Technologies ［M］. London and New York：Routledge，2020：38.

❹ Luca M. Possati. Software as Hermeneutics：A Philosophical and Historical Study ［M］. Cham：Palgrave Macmillan，2022：8.

件中获得了最大限度地表现。❶

物质阐释实践不仅改变了科学史，而且改变了人文和人类科学的历史。因为所有的科学都有一个阐释学维度，并以物质调节的形式体现。现象学阐释学正是从技科学的角度，重新考虑了"生活世界"的概念。物质阐释学的基本论点是成像技术已经在科学实践中出现，不同的科学形式中有不同的成像方式，通过技术调节人类的感知和经验得到了提升。❷ 另外，科学仪器对壁画进行的物质阐释学分析，可以找到关于"原始科学"（protoscience）起源的证据。原始科学源于冰期洞穴上的、有关月历的一幅壁画，距今3.2万年。❸ 这种与月亮周期相关的月历形式，绘刻在石头、骨头、鹿角和其他坚硬材料表面，分布在世界各地。此类壁画和雕刻不仅是仪式艺术，还是掌握时间周期的科学方式。最早的时间形式常与此相关，后来才被标准化为时间知识体系。

由此，艺术情境中物质技术本身的意义被凸显，这昭示了物质性在阐释活动中的基础地位和价值。在梅迪纳、卢夫·波萨蒂（Luca M. Possati）等人的引导下，除了通过望远镜、显微镜等仪器让我们"看到"具体的某物，日常惯例、文化规范、伦理要求、政治常识、艺术实践和体制等也可以在经验上

---

❶ Luca M. Possati. Software as Hermeneutics：A Philosophical and Historical Study [M]. Cham：Palgrave Macmillan，2022：100.

❷ Don Ihde. Material Hermeneutics：Reversing the Linguistic Turn [M]. London and New York：Routledge，2022：113. 经典现象学家胡塞尔和梅洛－庞蒂都否认了科学成像技术可以改变人类感知和经验的生活世界的说法。伊德认为这种说法是有偏见的，因为当经验改变我们的世界时，我们对那个世界的经验也在改变。

❸ Don Ihde. Material Hermeneutics：Reversing the Linguistic Turn [M]. London and New York：Routledge，2022：119.

被"易于察觉"（experientially palpable）。当事物以技术文本的方式得到"阅读"，这一活动就可被视为物质阐释学实践。

## 三、物质性作为诗学研究的基础和模态

通过伊德的物质阐释学研究，我们看到了语言文字文本与经由物质技术仪器调节的文本在阐释学上的内在相似性和统一性。在把阐释对象从技科学实践转向范围更大的人文和人类科学领域时，诗学研究也关注到了物质性。伴随 20 世纪以来物性诗学研究趋势，物质阐释学不仅转化自然科学实践，而且可进一步转化诗学实践。这为重新界定并理解诗学创造了独特的视角，是具有创新意义的物性诗学理论探索和实践。

### （一）作为物质建构实践的文学

在物质阐释学的视域中，文学是物质技术（书写）得以嵌入的存在。一方面，书写需要把语言（语音或口语）"转译"为非言语形式；另一方面，工具的调节性被应用到书写行为中，即书写通过物质技术工具进行并写到某种物质载体上。语言的技术化和物化（materialization）使文学文本可重复、可传递。书写的诞生，意味着能够反复阅读一篇文章，并伴随着解释、评论、传输、翻译等的扩散。❶ 因此，文学是用具体化的技术手段进行的物质建构实践。

书写的设备工具是语言、某种社会现象实现物质化转译的主要手段，也是其意义显现的方式。这不仅体现在语言叙述中，

---

❶ Don Ihde. Expanding Hermeneutics：Visualism in Science ［M］. Evanston：Northwestern University Press，1998：187.

也体现在诸多的人文和人类科学现象中。安托瓦纳·贡巴尼翁（Antoine Compagnon）认为作家书写工具（笔）的变化同样体现了历史进程对作家的影响，查尔斯·波德莱尔（Charles Baudelaire）诗中的拾荒者以及他们使用铁钩在垃圾堆中寻找宝物的形象，隐喻了作家使用笔在词语中翻检合适的修辞和韵脚的努力，作家们的工具从羽毛笔转到铁笔，构成了19世纪后半叶作家们书写的特殊的现代性经验。❶

物质阐释学让我们可以用唯物主义和经验主义的方式，在实验室的场景中阐释文学作品。这不仅涉及语言及其所指，还有字素（graphemes）本身，即构成它们的墨水、纸张的纤维等具体的铭文要素。此时，阅读和书写、观察和制造（fabrication）、意识和物质通过身体器官和仪器的调节相遇，放大了"共谋"的事实。文学作品的形式成为物质结构问题，语言符号的物质性将处于更大的物质性场域。❷ 如果在实验室里用纳米技术扫描一本诗集，会得到一个实体的集合（assemblage of entities）。正是在这一维度上，物质科学和唯物主义诗学（materialist poetics）成为物质研究和制造的分支。❸ 可视化技术以图像的形式凸显出文本的物质结构，对图像的阅读、审美欣赏也成为物质建构实践活动。"诗作为一种制作，是一种物质

---

❶ ［法］安托瓦纳·贡巴尼翁. 铁笔：隐喻与现实［A］//李春青，赵勇. 文化与诗学：文体与意识形态. 上海：华东师范大学出版社，2019：2－16.

❷ Nathan Brown. The Limits of Fabrication：Materials Science［M］. Materialist Poetics，New York：Fordham University Press，2017：1－2.

❸ Nathan Brown. The Limits of Fabrication：Materials Science［M］. Materialist Poetics，New York：Fordham University Press，2017：10.

建构实践。"❶ 这一特别的唯物主义立场，是经由物质技术的阐释过程得来的。文学作品的物质性成为考察意义及其与现代物质语境关系的一种方式。

物质阐释学揭示了语言的物质性和文本的物质性。语言的物质性是能指所采用的具体形式和配置，这产生了非符号性（nonsymbolic）和非同构性的关联。它不仅关注语言隐喻或符号象征等的意义，也关注了物质性建构的意义。语言书写的物质性凸显不同文本中语言形式的相似性，"建立了跨越语法和修辞单位的连接，并创建了在不传达任何既定或预定信息的情况下具有重要意义的模式"。❷ 也就是在无法对语言文字文本进行阐释时，物质性因素可以并已经传达了某种意义。从物质性来阅读文学作品，会发现与传统阅读不一样的策略和进路，它不仅聚焦于语言形式，还涉及政治、生态等更具现实维度的问题。同时，语言的物质性也可以作为识别文学形式或体裁的方式。在中国传统的文学形式中，形成了诗、文、小说、传奇等不同的文体书写模式。单就诗体而言，就有四言、楚辞、五言、七言、律绝、词等不同形式。❸ 实际上，每种文体都有自己独特的视觉模式，甚至仅凭字数、语言排列形式等就可以对其进行识别并确定其文体。

文学作品物质性的结构配置和组成元素不仅体现为语言的物质性，也体现在文本的物质性上。其中最明显的是页面的物

---

❶ Nathan Brown. The Limits of Fabrication：Materials Science［M］. Materialist Poetics，New York：Fordham University Press，2017：11.

❷ Craig Dworkin. Radium of the Word：A Poetics of Materiality［M］. Chicago and London：The University of Chicago Press，2020：1.

❸ （清）王国维. 人间词话［M］. 施议对，译注. 长沙：岳麓书社，2015：80.

质性（the materiality of page）和物理性，即构成页面的物质材料。它可以是楔形泥板、莎草纸等单一材料，也可以是媒介生态意义上的多种材料。文本的物质材料从背景中脱颖而出，变为阐释学的"设备"，不仅制造意义而且将文本带入更大的生态范畴。页面的物质性暗示了一种文本生态学（the Ecology of Texts）的概念❶。生态因素借助物质阐释学得到解释，此时文本是混合的物质技术的结果，它也包括物质材料相关的事件、语境和关系网络。物质阐释学表明，可以把语言、文本的物质性和事物的物质性联系起来，共同创建交替叙事的可能性。

## （二）文学的物质性及其阐释准则

书写是具身的阐释学技术，❷ 这种技术化的书写转化了经验结构的方式，改变了我们对口语的知觉和理解。例如，象形文字保持了它所表象东西的同构性，而表意文字打破了同构性并逐渐抽象，隐含在文字形式转化背后的是书写技艺或技术的变化。某种层面上，书写技术和工具以及文本的物质材料决定了作者创作何种文体。也就是说，书写借助技术工具创造了非同构的视觉图像，我们需要阅读和阐释这些图像。

德国学者托马斯·布雷默（Thomas Bremer）曾在《物质性与文学：导论》❸ 一文中强调了文学的物质性研究。他指出，

---

❶ Joshua Calhoun. The Nature of the Page：Poetry, Papermaking, and the Ecology of Texts in Renaissance England·Introduction［M］. Philadelphia：University of Pennsylvania Press，2020：1.

❷ ［美］唐·伊德. 技术与生活世界：从伊甸园到尘世［M］. 韩连庆，译. 北京：北京大学出版社，2012：89.

❸ Thomas Bremer. Materiality and Literature：An Introduction［J］. Neohelicon，2020（2）：349 –356.

物质研究最初在博物馆学、文化人类学（物质文化）和哲学（海德格尔的"the thing"、the"thingness of objects"）领域中进行，后来才进入社会研究领域。在艺术理论中，艺术与物质性的关系探讨长期存在。文学研究汲取这些理论资源，认为文学与物质性的关系不仅涉及"物质的事物"，而且包含物质性和文本之间的相互作用，可区分为"文学的物质性"和"文学中的物质性"两个方面。前者对应可见、可触的维度，相当于绘画中的物质材料和载体，通常意义上被看作文学"外部研究"的一部分；后者分析了"说话的事物"被整合进文学文本中的方式，即文本中事物的表现方式，与"内部研究"有交叉点。这里的"事物"可以是一个人、一种情况或社会环境。在这个意义上，文学可被理解为文化记忆的方式，是社会历史知识生产和流通的一部分❶，即文学凭借内外部的物质性元素参与了知识的生产与流通。

　　文学的物质性研究开创了新的阐释视角，对考证原始文本具有重要意义。物质阐释学通过对手稿及其修改过程的揭示，重新把手稿文化（Manuscript Culture）纳入研究范围。❷ 这与语文学、文本学研究内容相似。以音乐语文学为例，物质阐释学关注的重点在于音乐页面形式（如残页、整页、乐谱页）、页面的排列和装订技艺、记录音乐的方式、手稿或印刷纸的材料，等等。这些物质因素不同于演奏家表演出的音乐，它产生了对音乐文本的独特理解。那些后期对文本原始状态的修改痕迹也

---

❶ Peter Burke. A Social History of Knowledge Revisited ［J］. Modern Intellectual History，2007（3）：521－535.

❷ Anna Catharina Horn，Karl G. Johansson. The Meaning of Media：Texts and Materiality in Medieval Scandinavia ［M］. Berlin/Boston：DE Gruyter，2021：1.

会成为意义的一部分，"邮票、目录号、拥有者的手稿和收购备注，有时可以提供拥有者继承的信息，在最有利的情况下，还可以提供原始来源的信息"。❶ 当阐释学把重点转移到物质性时，有利于对原始版本及其原始意义的识别和保护，同时把握了文本意义的演变历史。

近年兴起的数字诗学，是基于网络的电子书写实践而言的。从代码、超文本到可视化文本，书写经历了非同构的现象学变更，网络中的书写技术和媒介不仅使诗得以显现，而且对书写本身作了新的定义。数字诗学调查了电子书写的物质性，集中于电子文本的三种主要形式：超文本、可视/动态文本（visual/kinetic text）和在可编辑媒介中的文本。该研究把电子文本技术视为书写本身，以研究电子书写的物质性如何改变了书写观念，此种书写在网络和现实世界中是如何发挥作用的，以及当电子媒介被激活时，书写会变成什么。❷ 正如伊德对实验室的研究策略一样，此时网络空间是电子书写的"实验室"、抄写场，数字仪器是阐释学的设备。

由此发现，技术变革不仅生成了新媒介、产生了新的诗学范式，而且通过特定媒介塑造了新的感知经验，这需要与文本阐释学不同的阐释策略。一旦电子文本库或数字诗学的物质性拓扑结构（a topology of electronic materiality）被建立，就会把阐释活动变得更加复杂。有可能在学院和硬盘之间形成一个电

---

❶ Georg Feder. Music Philology: An Introduction to Musical Textual Criticism, Hermeneutics, and Editorial Technique [M]. Bruce C. Macintyre Trans. , HILLSDALE, NY: Pendragon Press, 2011: 47.

❷ Loss Pequeno Glazier. Digital Poetics: The Making of E – Poetries [M]. Tuscaloosa: The University of Alabama Press, 2002: 6.

子生态（E－cology），这有利于教育和体制机构的创新实践。❶
而计算机在与扫描仪、打印机等设备形成的网络生态中，可以
对文本实现自行校对、打印、传输等，发挥了物质的主动性和
能动性。仪器到仪器之间的信息交流暗示了物联网意义上的动
态的、扩展的书写空间，揭示了网络媒介生态中数字诗学的物
质基础。

## （三）通向一种物性诗学

当代理论把符号学研究扩展到了一切事物，常常使文化理
论中的物质（materialization）问题显得多余。❷ 实际上，物质性
自古就是文学的参照系，20 世纪以来，文学研究领域的物质性
批评实践与文本、互文本和超文本概念相关，凸显出诗学的符
号物质性、社会物质性和历史物质性等观念的演替。❸ 在这些
强调物质性的文学理论流派中，逐渐形成了物性诗学的批评
趋势。

针对具有系统性、融通性的物性诗学的体系化研究❹，伊
德的物质阐释学聚焦了具体的物质性因素和维度。在这一意义
上，文学作品是技术在转化各种物质材料的过程中综合而成的
结果。物质技术的属性体现在具体的作品上，并在特定的情境
中获得意义。现代技术仪器和设备为文学作品的物质阐释学创

---

❶ Loss Pequeno Glazier. Digital Poetics：The Making of E－Poetries［M］. Tusca-
loosa：The University of Alabama Press，2002：171－179.

❷ Casper Bruun Jensen, Peter Lauritsen. Reading Digital Denmark：IT Reports as
Material－Semiotic Actors［J］. Science，Technology & Human Values，2005（3）：352－
373.

❸ 张进. 论物质性诗学［J］. 文艺理论研究，2013（4）：11－18.

❹ 张进. 物性诗学导论［M］. 北京：人民出版社，2020：8.

造了特定的阐释情境。

物质阐释学是物性诗学理论研究的具体开展，文本现象都可以通过物质阐释学得到解释。也正是如此，画作上的印章、题名等都直接提供了版本信息，创造了画作价值。特别是面对多种物质形式的、多样的版本时，物质阐释学会影响对文本的识别、接受、流通、消费或珍藏等过程的理解。不同的版本指向了不同的行为实践，物质性提供了行为的基础和参照。因此，每个版本上的物质痕迹都需要得到解释。这种痕迹超越了书写行为，甚至超越了作者的生命，揭示了物质阐释学是如何工作的，此时文本成为世界里的一种痕迹。❶ 物质阐释学强调基于文本的诸多物质性而产生的痕迹或信息，它们往往借助技术手段呈现出来，并生产意义和知识。

物质阐释学视域下，诗学在某种程度上被物质化了，并将自身置于一种生态学的思考范畴中。物质性不仅是一种重要的工具，而且被当成一套增强身体能力的设备。❷ 当这种物质性进入诗学范畴时，它不仅体现在作为"工具"的媒介生态上，还包括"物质性的诗学内涵"和"物质性的文学维度"等诸多方面。❸ 概言之，诗学的物质性研究扩展了伊德在实践活动中强调的双重物质性要素，而物质阐释学突出了诗学中可具身的物质要素的阐释力度。面对新的阐释对象和语境，物质阐释学更多表现为一种基于物质性而不断发展的阐释学的认识论和方法论。

---

❶ Galit Wellner. Material Hermeneutic of Digital Technologies in the Age of AI [J]. AI & SOCIETY, 2020: 1 – 8.

❷ Leandro Rodriguez Medina. Material Hermeneutics in Political Science: A New Methodology [M]. Lewiston, Queenston, Lampeter: The Edwin Mellen Press, 2013: 2.

❸ 张进. 活态文化与物性的诗学 [M]. 北京：人民出版社，2014: 146 – 207.

### 四、唯物论诗学的复兴和拓展

唐·伊德从技科学的角度开创了物质阐释学，把阐释学洞见运用到了自然科学研究，使阐释学包容了自然科学和人文科学，跨越了"狄尔泰鸿沟"。这一研究既拓展了阐释学的边界，又强调了阐释学实践中物质的重要性。伊德的物质阐释学不仅有着"物质科学""唯物主义诗学"传统❶，而且与新世纪文论的文本间性向事物间性的范式转换❷，以及物性诗学、物性美学❸的追求同气相求。通过物质阐释学，诗学实践的阐释集中在其物质材料和经验的转变上。物质（技术）嵌入诗学中，诗学通过物质显现出来，并在物质情境中得到解释。此时，书写工具、媒介载体是诗学的阐释学设备或仪器，生态（页面生态、物质生态、网络生态、媒介生态等）则是诗学的阐释学情境。

在这个层面上，诗学可以突破语言文本的限制，它从对语言文字、文本意义的编织转向对诗学现象的物质技术转译、配置，这不仅重新审视了物质性在文本意义生成中的作用，也创造了理解物质文化及其诗学的新方式。虽然物质阐释学不是唯一的阐释方案❹，却改变了我们思考诗学和唯物主义关系的方

---

❶ Nathan Brown, The Limits of Fabrication：Materials Science, Materialist Poetics [M]. New York：Fordham University Press，2017：14.

❷ 张进，王垚. 新世纪文论：从文本间性到事物间性 [J]. 兰州大学学报（社会科学版），2017（3）：120－126.

❸ 张进，徐滔. 物性美学范畴研究 [M]. 北京：人民出版社，2021：335－356.

❹ 张进，王红丽. 物质阐释学：一个概念史 [J]. 福建师范大学学报（哲学社会科学版），2022（5）：92－104.

式，凸显出形式和物质结构之间的诗学问题；同时促使我们进一步思考对物质的使用、改造、操纵、配置如何改变了诗学的物质性，以产生新的诗学范式。物质阐释学视域内，诗学的发生和发展，彰显了唯物论诗学在当代的复归和复兴。

（原文刊于《福建师范大学学报（哲学社会科学版）》

2023 年第 5 期，第 121–132 页，略有删改）